Red

A deathblow in the Bazi Art *****

Book

八字術 超絕頂 高手가 짚는 戰慄의 法手

바로 이것이
실전에서 통하는
팔자술이다.

李修

장서원
도서출판

★高級術士專用★ RED BOOK

命理第一顯學 李修學派 門下高級科程

術∞學

이수

李修命理學 學習 體系圖

<table>
<tr><th>course</th><th colspan="2">module</th><th>textbook</th><th>extra</th></tr>
<tr><td>1</td><td rowspan="8">李修五字術</td><td rowspan="4">basic</td><td rowspan="2">오자술매트릭스</td><td rowspan="2">看破命運</td></tr>
<tr><td>2</td></tr>
<tr><td>3</td><td rowspan="2">十二運數</td><td rowspan="2">The Key to Happiness</td></tr>
<tr><td>4</td></tr>
<tr><td>5</td><td rowspan="2">advanced</td><td>命理36禽獸(上)</td><td rowspan="2">五行干支叢論</td></tr>
<tr><td>6</td><td>命理36禽獸(下)</td></tr>
<tr><td>7</td><td rowspan="2">mastery</td><td>Zoological Fatalism</td><td></td></tr>
<tr><td>8</td><td>李豹神技</td><td></td></tr>
<tr><td>9</td><td rowspan="7">子平命理理法</td><td>basic</td><td>干支八字</td><td>한권으로 읽는 이수명리학</td></tr>
<tr><td>10</td><td rowspan="4">advanced</td><td rowspan="2">五行十星</td><td rowspan="2">滴天髓써머리</td></tr>
<tr><td>11</td></tr>
<tr><td>12</td><td>子平眞詮리뷰 I</td><td></td></tr>
<tr><td>13</td><td>子平眞詮리뷰 II</td><td></td></tr>
<tr><td>14</td><td rowspan="2">mastery</td><td>八字術必殺技</td><td>八字術FINALBLOW</td></tr>
<tr><td>15</td><td>刑沖會合</td><td>刑沖會合精解</td></tr>
<tr><td>16</td><td rowspan="5">八字氣學</td><td rowspan="2">basic</td><td>生旺死絶</td><td rowspan="2">八字來情</td></tr>
<tr><td>17</td><td>空亡秘鑰</td></tr>
<tr><td>18</td><td rowspan="3">advanced</td><td>欄江網마스터리 I</td><td rowspan="3">窮通寶鑑一讀</td></tr>
<tr><td>19</td><td>欄江網마스터리 II</td></tr>
<tr><td>20</td><td>欄江網마스터리 III</td></tr>
<tr><td>21</td><td rowspan="5">門下秘笈</td><td rowspan="4">advanced</td><td>六神物象</td><td>命理物象實戰57招</td></tr>
<tr><td>22</td><td>八字虛字論</td><td>THE INVISIBLE</td></tr>
<tr><td>23</td><td>滴天髓스펙트럼 I</td><td rowspan="2">滴天髓摘要(해설)</td></tr>
<tr><td>24</td><td>滴天髓스펙트럼 II</td></tr>
<tr><td>25</td><td>mastery</td><td>RED Book</td><td>胞胎珍技</td></tr>
</table>

推薦辭

백운산

사단법인 한국역술인협회 중앙회장

斯學界 新銳로 널리 脚光받아온 李修 先生을 그저 風聞으로 新進 奇才로만 認知해오던 차에 그간의 尨大한 著述들과 이번에 請託받은 '레드북'의 原稿를 보고 나서 놀라움을 금치 못했습니다. 難解하기 그지없는 命理의 바다를 溫故하고 知新하는 姿

勢로 子平의 世界를 두루 涉獵하고 또 新紀元을 創造한 運命學術의 새로운 境地에 들었으니 젊은 命理學者로서의 洗練된 威容을 한껏 誇示할만하다 하겠습니다. 게다가 日前 私席에서 命理를 獨學했다는 말을 전해 듣고 또 한 번 感歎했습니다. 學風을 보아 先生이 學界의 新星으로만 머물지 않을 것이라는 믿음이 생겼습니다.

우리 俗談에 '벼슬은 높이고 뜻은 낮춰라'라는 말이 있는데 現在에 自滿하지 말고 더욱 發奮精進하여 先學들이 念願해온 韓國 易學의 中興을 이끄는 큰 별이 되기를 祈願합니다. 또 信賴하고 激勵를 아끼지 않겠습니다.

校正紙를 보니 命理學 古書에 담긴 高級 理論들과 獨創的이고 精緻한 知識들이 獨特하고 簡潔하게 體系的으로 作文되어 있습니다. 日間에 命理學史를 통하여 길이 남을 秀作으로 評價될 이 冊의 出刊을 祝賀하고 江湖 諸賢들의 愛讀을 권하며 推薦辭를 갈음하고자 합니다.

庚寅年 驚蟄節, 白雲山 識

추천사

박영창

미래예측학 연구소장

동방대학원대학교 교수

내가 이수 선생을 처음 알게 된 것은 '하이텔 역학동' 명리마당 게시판이었다. 2000년 역학

동의 명리마당에 혜성처럼 등장한 이수 선생은 사주 해석에서 천간의 중요성을 거침없이 설파하면서 역학계의 주목을 한 몸에 받기 시작했다. 나와 이수 선생은 게시판에서 몇 차례 토론을 하기도 했는데, 이수 선생은 정체됨 없이 끊임없이 학문을 발전시킨다는 점에서 보통 사람과 달랐다. 처음에는 장요문의 투파와 유사한 이론을 구사하였으나 거기에 머물지 않고 계속 새로운 이론을 발굴하고 창안하고 공표하였다. 『적천수적요』는 대만 무릉출판사에서 출판되었는데 이는 국내 최초로 해외에 역학 저술을 출판한 신기원을 이룩한 것이었다. 뿐만 아니라 『팔자술필살기』, 『자평진전리뷰』, 『적천수스펙트럼』, 『난강망마스터리』, 『공망비약』, 『명리36금수』, 『팔자허자론』 등 주옥같은 책을 저술하였다. 이 책들은 온고이지신의 결과물이라는 점에서 가치가 있다고 할 수 있다. 일부 역술인들은 개인의 머릿속에서 상상해낸 유치한 이론을 대단한 학설인 양 내세우는 경향이 있었지만, 이수 선생의 학술은 상상을 통해서 조작해낸 것이 아니고 『삼명통회』 등의 명리학 고전에 근거를 두고 고전 속에 잠들어 있던 좋은 학설을 발굴하고 한 차원 높게 정리하고 발전시킨 것이다. 또한 이수 선생은 명리학에 대한 애정과 신뢰가 남다른 바 있는 분으로 평가하고 싶다. '애스크퓨처닷컴'이나 한국경제TV에서 주가를 예측하려고 시도한 것은 명리학에 대한 한없는 신뢰에서 시작된 것이다. 아마 유사 이래 명리학을 가장 신봉한 인사가 바로 이수 선생이 아닐까싶다. 개인의 사주를 해석하는 것에서 벗어나 다른 영역에까지 명리학을 적용한 것은 아주 신선한 시도였다. 조금 더 보완한다면 언젠가는 이수 선생의 주가 예측학이 세계적인 각광을 받게 될 날이 올 것으로 믿는다. 쉬지 않고 전진하는 이수 선생께서 이번에 다시 그 동안의 학술을 보완하는 좋은 저서를 내셨기에 축하하는 마음으로 추천사를 쓰게 되었다. 앞으로도 명리학사에 오래 기억될

많은 명저를 저술하시어 명리학의 발전에 큰 공헌을 하시리라 믿으며 이수 선생의 무궁한 발전을 기원하는 바이다.

2010년 봄에

박영창 근배

레드북 차례

Deathblow 6 ▸▸ 행복은 팔자의 精神(정신)으로 논해야

∴ 滴天髓스펙트럼 I

Deathblow 7 ▸▸ 燥濕(조습)이 배합되면 식록이 보증된다

∴ 滴天髓스펙트럼 I / 欄江網마스터리 I

Deathblow 8 ▸▸ 팔자가 濁(탁)하면 다성다패

∴ 滴天髓스펙트럼 II /欄江網마스터리 III

Deathblow 9 ▸▸ 두려운 것은 養虎(양호)

∴ 滴天髓스펙트럼 II

Deathblow 10 ▸▸ 喜神(희신)을 보필해야 안전해진다

∴ 滴天髓스펙트럼 II / 오행십성(Bazi Primer-II)

'명리물상실전23수57초'의 '명리36금수'적 접근

∴ 줄라지컬훼이털리즘(Zoological Fatalism)

deathblow 1 ▸

팔자의 부귀는 進神(진신)에 달렸다

眞神得用平生貴, 用假終爲碌碌人
(진신득용평생귀, 용가종위록록인)

진신이란 무엇인가.

팔자에 가장 긴요한 십간이다.

가장 중요한 십간이란 무엇인가.

팔자의 참다운 부귀를 결정짓는 용신이다.

예컨대 甲은 대개 丙丁을 선용해야 부귀가 높아진다.

이때 丙丁이 월령을 얻어 건전하게 투하면 무릇 부귀가 확고해진다.

이것이 곧 '진신득용'이다.

甲이 辛과 癸를 보아 관인격을 이룬들 일격을 논하기 어렵다.

진신이 아닌 가신이 섞인 까닭이다.

제강불여진신조, 암처심진야유진

提綱不與眞神照, 暗處尋眞也有眞

庚은 甲과 丁으로 상격을 이룬다.

진신이 되는 甲丁이 월령을 얻어 투간해야 평생 부귀를 논할 수 있다.

庚이 甲丁을 보지 못하면 寅戌이라도 있어야 최소한의 부귀가 있다.

'암처진신'도 진신이란 얘기다.

'비합비출'의 허신 또한 진신을 논할 수 있다.

팔자를 볼 때는 애초에 진가를 가려 취해야 한다.

총론하면 팔자의 이기理氣 모두를 헤아려 필수적 십간을 진신이라 한다.

summary 1 ▸

∴ 이수학파 眞(假)神 일선 속취법

眞 prosperity

甲(갑)	癸·丙(계 병)	寒木向陽(한목향양)[1] - 寅酉亥子丑月(인유해자축월)에는 丙火(병화)의 調候(조후)가 緊要(긴요)
		生木希潤(생목희윤)[2] - 春木逢火(춘목봉화)하면 木火通明(목화통명), 夏木陽氣昌(하목양기창)이니 木火傷官喜見水(목화상관희견수)로 安頓(안돈)
	庚·丁(경 정)	死木用材(사목용재)[3] - 寅月萌芽庚辛金不容(인월맹아경신금불용), 庚金(경금)은 丁壬(정임)과의 조화가 關鍵(관건)
乙(을)	癸·丙(계 병)	艶陽麗花(염양려화)[1] - 乙木(을목)은 四時(사시) 丙火(병화)를 喜(희)하고 退氣(퇴기)하여 癸水(계수)의 扶(부)를 要(요)
	己(기)	陽土培花(양토배화)[2] - 乙木(을목)은 柔(유)하여 庚辛(경신)을 不用(불용), 申月(신월)에는 己土(기토)가 妙(묘)

丙(병)	壬(임)	水猖顯絶(수창현절)[1] – 丙火(병화)의 貴(귀)는 壬水(임수)가 關鍵(관건)
丁(정)	甲(갑)·庚(경)	劈甲引丁(벽갑인정)[1] – 丁火(정화)는 衰竭(쇠갈)하여 四時(사시) 嫡母(적모)를 要(요)
	乙(을)·丙(병)	枯草引燈(고초인등)[2] – 申酉月(신유월)에 甲(갑)이 없으면 乙(을)을 取(취)해 丙火(병화)로 말림
戊(무)	丙(병)· 甲(갑)· 癸(계)	無丙不生(무병불생)[1] 無甲不靈(무갑불령)[2] 無癸不長(무계부장)[3] 戊土(무토)는 甲丙癸(갑병계) 三者(삼자)의 온전한 取用(취용)으로 富貴(부귀)를 확정
己(기)	丙(병)·癸(계)	大地普照(대지보조)[1] – 田園(전원)은 丙火溫土(병화온토)하고, 癸水潤土(계수윤토)하면 己土(기토)의 精神(정신)을 補(보)
庚(경)	丁(정)·甲(갑)	火煉眞金(화련진금)[1] – 剛金(강금)은 丁(정)의 鍛鍊(단련)으로 銳利(예리)해지고, 丁火(정화)는 甲木(갑목)에 依(의)
	丁(정)·丙(병)	陰盛要光(음성요광)[2] – 秋金(추금)은 見官無碍(견관무애), 冬金(동금)은 金水傷官喜見官(금수상관희견관)으로 光亨(광형)
	壬(임)	得水而淸(득수이청)[3] – 秋金遇水(추금우수)하면 金水相涵(금수상함)

辛(신)	壬(임)	淘洗珠玉(도세주옥)[1] - 辛金(신금) 珠玉(주옥)은 四時(사시)를 막론하고 壬水(임수)의 淘洗(도세)로 빛남
	己(기)	濕泥保鈺(습니보옥)[2] - 辛金(신금)이 衰弱(쇠약)하면 己土(기토)의 生扶(생부)를 要(요)
壬(임)	戊(무)	山明水秀(산명수수)[1] - 汪洋(왕양)한 壬水(임수)를 戊土(무토)로 制防(제방)하면 福壽(복수)가 完全(완전)
	丙(병)	江煇相映(강휘상영)[2] - 冬水(동수)는 丙戊(병무)의 짝으로 成格(성격)되면 大貴(대귀)
	甲(갑)	水中柳影(수중유영)[3] - 壬乙(임을)의 出水紅蓮(출수홍련)과 마찬가지로 才氣(재기) 充滿(충만)
	庚(경)	庚發水源(경발수원)[4] - 援助(원조)로 大成(대성), 春月(춘월) 壬水(임수)는 庚辛金(경신금)으로 水原(수원)을 發(발)
癸(계)	壬(임)	天津地洋(천진지양)[1] - 癸水(계수)는 대개 調和(조화)로 潤澤(윤택)한 功(공)을 이룸
	壬·丙(임 병)	水輔陽光(수보양광)[2] - 冬月(동월) 丙火得祿(병화득록)하고, 壬水(임수)가 出(출)하면 富貴(부귀)가 極(극)에 이름

藥 relief

病(병)	藥(약)	備考(비고)
一派(일파) 木(목)	庚(경)	
一派(일파) 火(화)	壬(임)	丙火(병화)가 透(투)하면 癸水(계수)를 用(용)하는 것도 효과적
一派(일파) 土(토)	甲(갑)	
一派(일파) 金(금)	丁(정)	秋冬(추동)월에는 丙丁火(병정화)를 竝用(병용)해서 貴(귀)를 높임
一派(일파) 水(수)	戊(무)	冬月(동월)에는 丙火(병화) 調候(조후)도 시급

假 ups and downs

成語(성어)	體(체)	用(용)	備考(비고)
木棍碎瓦(목곤쇄와)	甲(갑)	辛(신)	辛官(신관)일때 고위직에 오르기 어려움
利剪催花(이전최화)	乙(을)	辛(신)	辛煞(신살)일때 조직 생활이 전혀 맞지 않음
黑雲遮日(흑운차일)	丙(병)	癸(계)	癸官(계관)일때 집단에서 두각을 드러내지 못함
火熄燒滅(화식소멸)	丁(정)	癸(계)	癸煞(계살)일때 직장에 적응하지 못함
加虐失人(가학실인)	戊(무)	庚(경)	庚食(경식)일때 참견이 심해지거나 사납게 굴면 인심을 잃게 됨
陀泥帶水(타니대수)	己(기)	壬(임)	壬財(임재)일때 재운이 박하고 색정으로 인한 화가 미침
寶劍生銹(보검생수)	庚(경)	癸(계)	癸傷(계상)일때 말실수가 화근을 부름
火燒珠玉(화소주옥)	辛(신)	丁(정)	丁煞(정살)일때 무기력한 처지에 놓임
己土濁壬(기토탁임)	壬(임)	己(기)	己官(기관)일때 이성과의 인연이 불미하고 경력 관리가 안 됨
水蒸鬱愊(수증울핍)	癸(계)	丁(정)	丁財(정재)일때 재운이 약하여 투자나 매매 성과를 내지 못함

Technic 1 ▸

1. 인월 갑목이 병화를 용하면 이기 양면을 동시에 충족시키는 최선의 용신이 된다. 이것이 곧 진신이다.

折衷(절충)	理	五行	生剋
	氣	陰陽	寒暖

2. 진신은 보호되어야 마땅하므로 가신이 진신을 어지럽혀선 안 된다.

假神休要亂眞神(가신휴요란진신)

3. 가신이 진신을 어지럽히면 녹록한 삶이 펼쳐진다. 상황은 다음 세 가지 경우다.

假亂眞	투간한 진신이 제복당할 때
	진신의 뿌리가 충격당할 때
	암장된 진신이 충격당할 때

4. 동일 오행의 진가가 혼재되면 신속한 발전이 불가하다. 탁기는 지체와 장애를 암시한다.

5. 팔자에 병이 있으면 약이 곧 진신이다.

팔자상식 ❶

최근에 브랜드의 중요성이 높아지면서 생겨난 새로운 직종으로 네이미스트namist가 있다. 기업명이나 상표·도메인명·인명 등 전문적으로 이름을 짓는 사람을 말한다. 이름 짓는 대상의 범위가 한정되어 있는 것은 아니지만, 주로 브랜드명을 짓기 때문에 보통 브랜드 네이미스트로 불린다. 네이미스트가 되는 조건은 까다롭다. 우선 호기심이 많고 학문간 경계와 영역을 자유자재로 넘나드는 풍부한 지식을 갖추어야 한다. 예리한 시각과 감각, 재치, 뛰어난 언어 감각을 가져야 한다.

동양에서 성명학술은 '팔자술'의 꽃에 비유한다. 팔자명리를 온전히 알아야 작명에 임할 수 있는 까닭이다. 팔자의 이기 모두를 헤아리는 복잡한 전체 법수에 통달할 필요는 없다. 다만 명리의 정확한 지식체계는 갖추고 있어야 한다. 그런데 지금까지 정확한 작명술을 구사하는 위인을 보지 못했다. 팔자명리의 온전한 지식체계를 견지한 인사를 찾아보기 힘든 현실에서 당연한 얘기일 수도 있다. 진신과 가신이 무엇인지도 분별이 되지 않는데 무슨 이름을 짓겠는가. 엉터리 세상이다.

이름을 지을 때는 팔자의 진신을 채용하여 자원오행의 글자를 쓰는 것이 원칙이다. 작명을 포함한 명리 개운(開運)의 요체가 진신의 건전성을 살리는 데 있다. 단순히 부억용신이나 조후용신의 오행을 취해 글자를 선택하는 것은 급수가 낮은 것이다. 더구나 음령오행이니, 수리오행, 파동 등의 잡다한 수법이 작명법 일선에 등장하는 것은 수준 이하의 잡소리에 불과하다. 정통명리학자들은 발음 오행이나 수리, 작괘 등은 쳐다보지도 않았다. 이름은 의미가 좋아야하고, 정확한 십간의 자원오행 글자를 채용해야 한다. 뜻의 정확성을 취하기 위해 글자의 상탁(相柝; 측자파자)를 보조적으로 헤아린다. 결론해서 명리를 온전히 알지 못한 제 방술은 신뢰할 바가 못 된다는 얘기다.

작명의 예로 戊土 일간의 팔자에 진신 甲이 있고 丙이 있다면 응당 모자란 癸水의 자원오행 글자를 취해 이름을 짓는다. 戊土 일원의 신강약이나 한난조습의 균형 이전에 진신부터 갖추고 보는 것이다. 응용해서 팔자에 있는 진신이 가신의 공격을 받는 '가란진假亂眞'의 형국에서는 가신을 제거하는 십간 오행의 글자를 취하는 고난도의 작명 수법이 있다. 보통은 진신을 취하고, 팔자에 이미 진신을 다 갖추었으면 절충되는 오행의 글자로 작명하면 무난하다.

deathblow 2 ▶

陽支(양지)는 빠르게, 陰支(음지)는 느리게

지지의 음양은 다음과 같이 구분된다.

양지는 子寅辰午申戌이고, 음지는 丑卯巳未酉亥를 말한다.

子午와 巳亥는 체 이전에 용을 취한다.

陽支動且强, 速達顯災祥(양지동차강, 속달현재상)

양지는 동하여 현상이 신속히 일어난다.

예컨대 寅과 申이 沖하면 寅月과 그 직전에 충의 물상을 짓는다.

寅午戌이 합작하면 寅月에 합작 물상이 나타난다.

음지정차전, 부태매경년

陰支靜且專, 否泰每經年

음지는 정하여 작용력이 더디게 나타난다.

예컨대 巳와 亥가 沖하면 亥月에 충의 물상을 짓는다.

또 해를 넘겨 나타나기도 한다.

가령 丑과 未가 沖하면 이듬해 丑月과 그 직후에 충의 물상을 짓는다.

巳酉丑이 합작하면 丑月에 합작 물상이 나타난다.

technic 2 ▶

1. 팔자 명주의 주목할 만한 모멘텀은 합동과 충동으로 실현된다.

momentum	合局	合動	合起
	衝擊	沖動	沖起

2. 지지의 합국과 충격은 양지와 음지의 조합으로 각기 이루어지므로 모멘텀이 형성되는 시점을 확연히 알 수 있다.

陽支	세월의 선두에 서는 달(月時)
陰支	세월의 말미에 붙는 달(月時)

3. 양지와 음지가 섞여 팔자를 동할 때가 있다. 사생과 사고의 형동에서 발견할 수 있다.

이때는 모두 음지에 모멘텀이 존재하는 것으로 인식하면 특별히 어긋남이 없다. 사생은 대개 음지에서 모멘텀을 갖고, 양지에서 터닝포인트를 맞이하기 쉽다. 사고는 동하는 글자의 시점이 곧 전기가 된다. 예컨대 戌을 未가 刑해 오면 未月이 곧 '터닝 포인트'가 된다.

<table>
<tr><td rowspan="4">刑動의 轉機</td><td rowspan="2">四生</td><td>寅巳刑</td><td>寅月</td></tr>
<tr><td>巳申刑</td><td>申月</td></tr>
<tr><td rowspan="2">四庫</td><td>丑戌刑</td><td>戌月</td></tr>
<tr><td>戌未刑</td><td>未月</td></tr>
</table>

4. 형충회합으로 팔자가 동할 때는 각 글자에 해당되는 포태 - 일간에 대비(逢法) - 물상을 감안하여 추이 변화를 짐작한다.

神煞(신살)	胞胎(포태)	心理(심리)	現狀(현상)	合作(합작)	運氣(운기)	衝擊(충격)	
劫(겁)	絶(절)	絶亡(절망)	消耗(소모)	絶浴衰(절욕쇠)	바닥에서 스타덤으로	祿沖劫(록충겁)	절박감 해소
災(재)	胎(태)	不安(불안)	胎動(태동)	胎病帶(태병대)	발 빠른 기회 포착	旺沖災(왕충재)	구속에서 자유
天(천)	養(양)	樂天(낙천)	養育(양육)	養死祿(양사록)	궁한 처지를 벗어남	衰沖養(쇠충양)	요양에서 휴식으로
地(지)	生(생)	明朗(명랑)	後援(후원)	生旺墓(생왕묘)	전성기에서 재충전으로	病沖生(병충생)	기반 이동
年(연)	浴(욕)	虛榮(허영)	快樂(쾌락)	浴衰絶(욕쇠절)	향락에서 바닥으로	死沖浴(사충욕)	죽어 씻김
月(월)	帶(대)	血氣(혈기)	前進(전진)	帶胎病(대태병)	점진적 운기 하락	墓沖帶(묘충대)	양지에서 음지로
亡(망)	祿(록)	平靜(평정)	獨立(독립)	祿死養(록사양)	부양하다가 부양되는	絶沖祿(절충록)	지위 상실
將(장)	旺(왕)	自慢(자만)	能爛(능란)	旺墓生(왕묘생)	충전해서 재시동	災沖旺(재충왕)	구설 난동
攀(반)	衰(쇠)	老獪(노회)	豊饒(풍요)	衰絶浴(쇠절욕)	곤란한 처지에서 발버둥	養沖衰(양충쇠)	휴양에서 요양으로
驛(역)	病(병)	憂鬱(우울)	移動(이동)	病帶胎(병대태)	여력이 있으나 불안정	生沖病(생충병)	개척
六(육)	死(사)	挫折(좌절)	停止(정지)	死祿養(사록양)	쉬면서 요양	浴沖死(욕충사)	출타
華(화)	墓(묘)	寂寞(적막)	沈潛(침잠)	墓生旺(묘생왕)	새로운 도약	帶沖墓(대충묘)	음지에서 번신

deathblow 3 ▸

지지의 충격으로 得失(득실)이 갈린다

지지의 상충이 한결같지 않다.

사맹과 사고, 사정의 충격이 각기 다르다.

生方怕動(생방파동), 敗沖不測(패충불측)

대개 사맹의 충은 합작을 훼손한다.

반대로 사패의 충은 오히려 합작을 촉진할 때가 많다.

이를테면 팔자에 寅午 합이 있고 이를 申이 충하면 합국은 무효가 된다.

합국이 충으로 인해 분리되는 충분의 형국을 초래한다.

반면 寅午를 子로 충하면 寅午의 합작이 촉진된다.

이것은 충격이 합작의 생산을 촉발하는 특별한 국면을 야기한다.

이처럼 사생과 사패의 충은 성격이 크게 다른 것이다.

사맹의 충은 잃고, 사패의 충은 얻을 때가 있다.

四庫宜開(사고의개)

사고의 글자는 충으로 열어야만 마땅한 이치가 무엇인가.

한 마디로 전기를 맞이하기 때문이다.

충격으로 장간이 터져 나오는 현상은 마치 금고를 여는 것에 비유될 정도다.

이를 반짝 효과라 말한다.

이때는 대개 먼저 얻고, 다음으로 잃기 쉽다.

전자는 개고의 득이고, 후자는 입고의 실이다.

summary 2 ▸

∴ 이수학파 합충 용어 정리

❑ 합충 1차[1]

得失(득실)	用語(용어)	用例(용례)	備考(비고)
得(득)	合作(합작)	寅午(인오)	
失(실)	沖破(충파)	寅申(인신)	
得(득)	促進(촉진)	寅午(인오)←子(자)	
失(실)	沖分(충분)	寅午(인오)←申(신)	
得(득)	開鎖(개쇄)	丑未(축미)	開庫(개고); 轉機(전기)*turning point
失(실)	淹埋(엄매)	酉丑(유축)←未(미)	入庫(입고)(入墓(입묘)); 休眠(휴면)*dormancy

❑ 지충 2차[2]

寅申沖	金木이 相沖되어 動하지만 藏干이 露出된 陰干과 合去되지 않으면 早發한다
巳亥沖	水火가 交戰하여 動하며 藏干이 他干과 合去되므로 失物하고 根氣를 傷한다
辰戌沖	먼저 水火土를 得하고, 종내 水火의 入庫 현상을 보게 된다.
丑未沖	藏干이 露出된 陽干과 合去되지 않으면 보통 財官을 얻고, 木金이 入庫된다
子午沖 卯酉沖	공히 根氣를 傷하고, 혹 한 글자의 藏干이 他干과 合去되어 파괴되면 해당되지 않는 글자의 根氣는 活한다

technic 3 ▸

1. 지지의 상충은 먼저 기물의 파괴 현상을 상정한다. 다음으로 장간의 결합 여부에 따라 발하고, 상하는 성분이 가려진다. 예컨대 子午가 충하면 子中壬水와 午中丁火의 합거로 두 글자의 기물은 상한다. 이때 팔자에 丁火가 투하여 子中壬水가 투간한 丁火와 합반되면 子는 상하고 午는 발한다.

2. 지충이 생산의 실득 효과를 가져 오는 조건은 세 가지다.

첫째는 격사된 장간이 팔자의 타간과 합하여 합화하는 경우고,
둘째는 사패의 충이 합국을 촉진시키는 경우,
셋째는 사고의 충이 야기하는 개고 현상이다.

3. 구생 효과는 온전한 실득의 국면보다는 기

물의 파괴를 면하는 사안에 중점을 두어 해석한다.

求生	寅□午←申	申傷寅午活
	寅□戌←辰	辰傷寅戌活

4. 왕자가 쇠자를 충하면 쇠자가 뽑힌다.

왕 자 충 쇠 쇠 자 발 旺者沖衰衰者拔	寅申←申	寅拔申發

5. 쇠자가 왕신을 충하면 왕신이 발한다.

쇠 자 충 왕 왕 신 발 衰者沖旺旺神發	寅午←子	火發子拔

deathblow 4 ▸

入庫(입고)의 휴면 상황은 여러 갈래로

四庫開凡先得後失(사고개범선득후실)

사고의 글자를 형충하면 해당 오행의 글자는 입고한다.

화개지로 입고하면 따로 입묘라 한다.

월살지에 입고하면 대의 물상이 포착된다.

천살지에 입고하면 양의 물상이 나타난다.

반안지에 입고하면 쇠의 물상이 나타난다.

命祿入庫沈滯(명록입고침체)

연지의 입고는 중단과 지체다.

연간의 입고는 록을 잃는다.

록의 완전한 입고를 면하는 조건은 타간과의 합생이다.

기타 지지의 입고는 분리와 유실이다.

technic 4 ▸

1. 사고의 글자가 형충되면 개고와 입고 현상이 나타난다. 이때 실자는 입고되고, 암신은 개고된다. '실자입고, 암신개고'의 상황은 다음과 같다.

木庫(목고)	未(미)	팔자에 甲乙(갑을)이 있으면 甲乙(갑을)의 入庫(입고), 甲乙(갑을)이 없으면 乙(을)의 開庫(개고)
火庫(화고)	戌(술)	팔자에 丙丁(병정)이 있으면 丙丁(병정)의 入庫(입고), 丙丁(병정)이 없으면 丁(정)의 開庫(개고)
金庫(금고)	丑(축)	팔자에 庚辛(경신)이 있으면 庚辛(경신)의 入庫(입고), 庚辛(경신)이 없으면 辛(신)의 開庫(개고)
水庫(수고)	辰(진)	팔자에 壬癸(임계)가 있으면 壬癸(임계)의 入庫(입고), 壬癸(임계)가 없으면 癸(계)의 開庫(개고)

2. 개고는 득의 상황이지만 무효로 끝날 때가 있다.

乙(을)의 開庫(개고)	팔자에 庚(경)이 있으면 合去(합거)로 失(실)
丁(정)의 開庫(개고)	팔자에 壬(임)이 있으면 合去(합거)로 失(실)
辛(신)의 開庫(개고)	팔자에 丙(병)이 있으면 合去(합거)로 失(실)
癸(계)의 開庫(개고)	팔자에 戊(무)가 있으면 合去(합거)로 失(실)

3. 입고 물상은 다음과 같다.

華蓋(화개) 入庫(입고)	墓(묘)	束縛(속박)
月煞(월살) 入庫(입고)	帶(대)	着衣(착의)
天煞(천살) 入庫(입고)	養(양)	療養(요양)
攀鞍(반안) 入庫(입고)	衰(쇠)	休息(휴식)

4. 천간의 입고는 신속하고 확실하게 나타난

다. 예컨대 丑未가 충하면 甲, 乙, 庚, 辛은 입고한다. 이에 반해 寅卯申酉는 글자가 이격되어 있거나 합하는 글자가 있을 때 온전히 입고되는 경우가 드물다. 입고의 흉의는 합생에 의해 감소된다.

5. 십간의 입고와 개고 상황을 ‘명리36금수(줄라지컬훼이털리즘; Zoological Fatalism)’에서는 다음과 같이 비유해서 표현한다.

<table>
<tr><th>十干(십간)</th><th>十干擬獸(십간의수)</th><th colspan="2">入庫物象(입고물상)</th><th>開庫物象(개고물상)</th></tr>
<tr><td>甲(갑)</td><td>여우</td><td>未墓地入庫(미묘지입고)</td><td>매가 여우를 낚아채다</td><td rowspan="2">토끼가 튀다</td></tr>
<tr><td>乙(을)</td><td>토끼</td><td>未養地入庫(미양지입고)</td><td>매가 토끼를 낚아채다</td></tr>
<tr><td>丙(병)</td><td>사슴</td><td>戌墓地入庫(술묘지입고)</td><td>늑대가 사슴을 물다</td><td rowspan="2">노루가 튀다</td></tr>
<tr><td>丁(정)</td><td>노루</td><td>戌養地入庫(술양지입고)</td><td>늑대가 노루를 물다</td></tr>
<tr><td>戊(무)</td><td>늑대</td><td colspan="3" rowspan="2">해당사항 없음</td></tr>
<tr><td>己(기)</td><td>게</td></tr>
<tr><td>庚(경)</td><td>까마귀</td><td>丑墓地入庫(축묘지입고)</td><td>까마귀 부리가 깨지다</td><td rowspan="2">꿩이 날다</td></tr>
<tr><td>辛(신)</td><td>꿩</td><td>丑養地入庫(축양지입고)</td><td>꿩이 날지 못한다</td></tr>
<tr><td>壬(임)</td><td>제비</td><td>辰墓地入庫(진묘지입고)</td><td>제비 날개가 부러지다</td><td rowspan="2">박쥐가 들어오다</td></tr>
<tr><td>癸(계)</td><td>박쥐</td><td>辰養地入庫(진양지입고)</td><td>박쥐가 땅에 떨어지다</td></tr>
</table>

deathblow 5 ▸

干支(간지)가 배반하면 한판에 잃는다

天全一氣(천전일기), 不可使地道莫之載(불가사지도막지재), 地全三物(지전삼물),

不可使天道莫之覆(불가사천도막지복)

팔자의 청기를 용하여 발전하려면 천복지재가 돼야 한다.

역으로 발상하면 천복지재를 반할 때 일거에 무위가 된다.

成局干透一官星(성국간투일관성), 左邊右邊空碌碌(좌변우변공록록)

무릇 불리한 것은 지지의 합국을 배반하는 천간이 투한 때다.

한판에 모든 것을 잃는다.

summary 3 ▸

∴삼회

三會(삼회)	顚倒(전도)(리버스, reverse)	干支(간지) 背反(배반)	藥神(약신)
木局(목국)	無根(무근)한 丙丁戊己庚(병정무기경) 辛壬癸(신임계)는 전도	庚辛金透(경신금투) 危殆(위태)	庚(경)
火局(화국)	無根(무근)한 甲乙戊己庚(갑을무기경) 辛壬癸(신임계)는 전도	壬癸水透(임계수투) 危殆(위태)	壬(임)
土局(토국)	無根(무근)한 甲乙丙丁庚(갑을병정경) 辛壬癸(신임계)는 전도	甲乙木透(갑을목투) 危殆(위태)	甲(갑)
金局(금국)	無根(무근)한 甲乙丙丁戊(갑을병정무) 己壬癸(기임계)는 전도	丙丁火透(병정화투) 危殆(위태)	丁(정)
水局(수국)	無根(무근)한 甲乙丙丁戊(갑을병정무) 己庚辛(기경신)은 전도	戊癸土透(무계토투) 危殆(위태)	戊(무)
	※ 藥神(약신)의 干支(간지) 배반은 成敗(성패)의 양면과 같으므로 藥神(약신)은 藏干(장간)에 있는 것이 안전함		

팔자상식 ❷

조후위급(調候危急)[1]

음양 陰陽	구분 區分	조후 調候		비고 備考
음기성 陰氣盛	동금 冬金	광형 光亨	금수상관희견관 金水傷官喜見官	상관용재소부 傷官用財小富 불귀동수불능 不貴凍水不能 생목 生木
양기창 陽氣昌	하목 夏木	안돈 安頓	목화상관희견수 木火傷官喜見水	상관용재불귀 傷官用財不貴 조토불심령수 燥土不甚靈秀

春(춘)	木(목)	木火通明(목화통명)	不利見官(불리견관)	
	金(금)			
夏(하)	木(목)	傷官佩印(상관패인)	木火傷官喜(목화상관희) 見水(견수)	
	金(금)			
秋(추)	木(목)			
	金(금)	金水相涵(금수상함)	見官無礙(견관무애)	官殺相混來問(관살상혼래문) 我(아), 有可有不可(유가유불가)
冬(동)	木(목)	寒木向陽(한목향양)	雖印綬用官(수인수용관) 不貴喜食傷(불귀희식상)	
	金(금)	傷官帶殺(상관대살)	金水傷官喜(금수상관희) 見官(견관)	傷官見官果難(상관견관과난) 辨(변), 可見不可見(가견불가견)

팔자형상(八字形象)[2]

양기합이성상 상불가파야
兩氣合而成象, 象不可破也

오기취이성형 형불가해야
五氣聚而成形, 形不可害也

독상희행화지 이화신요창
獨象喜行化地, 而化神要昌

전상희행재지 이재신요왕
全象喜行財地, 而財神要旺

형전자의손기유여 형결자의보기부족
形全者宜損其有餘, 形缺者宜補其不足

정격성패(正格成敗)[3]

① 成格과 帶忌

격 格	성격 成格	구성 요건 構成 要件	성중유패 成中有敗
재격 財格	재왕생관 財旺生官	신강 身强	재왕생관이우봉상 財旺生官而又逢傷, 관봉합 官逢合
	재격투인 財格透印	재인양불상극 財印兩不相剋	
	재봉식상 財逢食傷	신강대비 身强帶比	
정관격 正官格	정관용재 正官用財	신강이무형충파해 身强而無刑衝破害	정관봉재이우봉상 正官逢財而又逢傷
	정관패인 正官佩印	무형충파해 無刑衝破害	
	관봉재인 官逢財印	무형충파해 재인양불상극 無刑衝破害, 財印兩不相剋	투관이우봉합 透官而又逢合
인수격 印綬格	인봉관살 印逢官殺	인경봉살 관인쌍전 印輕逢煞, 官印雙全	투재거인존살 透財去印存煞
	인다용재 印多用財	재투근경 財透根輕	
	인용식상 印用食傷	신인양왕 身印兩旺	우재노 遇財露
	편인투식 偏印透食	신인양왕 身印兩旺	우재노 遇財露
식신격 食神格	식신생재 食神生財	신강 身强	
	식신대살 食神帶殺	무재 삼자개비 無財, 三子皆備	봉재 逢財
	기식취살 棄食就殺	인투 印透	봉재 逢財
	식다용인 食多用印	신약식왕 身弱食旺	봉재 逢財

칠살격 七殺格	살용식제 殺用食制	신강 身强	봉인 逢印
	살격용인 殺格用印	신약 身弱	
	신살균정 身殺均停	신강 身强	
	살격봉인 殺格逢刃	일시지인 日時支刃	
상관격 傷官格	상관패인 傷官佩印	상관왕, 인유근 傷官旺, 印有根	인조상 印遭傷
	상관생재 傷官生財	신강 身强	재봉합 財逢合
	상관살인 傷官殺印	신약이투살인 身弱而透煞印	
	상관가살 傷官駕殺	무재 無財	
록겁격 祿劫格	록겁용관 祿劫用官	봉재인 逢財印	관봉상 官逢傷
	록겁용살 祿劫用殺	우제복 遇制伏	
	록겁용재 祿劫用財	봉식상 逢食傷	재봉살 財逢煞
	록겁식상 祿劫食傷	유춘목지목화통명이추금지 唯春木之木火通明而秋金之 금수상함 金水相涵	
양인격 陽刃格	양인로살 陽刃露殺	무식상 無食傷	살피합 殺被合
	양인용관 陽刃用官	노재인 露財印	관피상 官被傷

② 破格과 救應

격 格	파격 破格	패중유성 敗中有成
재격 財格	재경비중 財輕比重	재봉겁이투식이화지 생관이 財逢劫而透食以化之, 生官而 제지 制之
	재투칠살 財透七煞	봉살이식신제살이생재 존재 逢殺而食神制殺以生財, 存財 이합살 而合殺
정관격 正官格	관봉상극 官逢傷剋	관봉상이투인이해지 官逢傷而透印以解之
	형충 刑沖	형충이회합이해지 刑衝而會合而解之
	관살혼잡 官殺混雜	잡살이합살이청지 雜煞而合煞而淸之
인수격 印綬格	인경봉재 印輕逢財	인봉재이겁재이해지 합재이 印逢財而劫財以解之, 合財而 존인 存印
	신강인중이투살 身强印重而透煞	
식신격 食神格	식신봉효 食神逢梟	식봉효이취살이성격 재이호 食逢梟而就煞以成格, 財以護 식 食
	생재노살 生財露煞	
칠살격 七殺格	칠살봉재 七煞逢財	
	칠살무제 七煞無制	
	식제인래호살 食制印來護殺	봉재이거인존식 逢財以去印存食

상관격 傷官格	상관비금수이견관 傷官非金水而見官	
	생재이대살 生財而帶煞	살봉합 煞逢合
	패인이상경신왕 佩印而傷輕身旺	
록겁격 祿劫格	록겁무재관 祿劫無財官	
	록겁투살인 祿劫透殺印	
	록겁용관우상 祿劫用官遇傷	상피합 傷被合
	록겁용재대살 祿劫用財帶煞	살피합 殺被合
양인격 陽刃格	양인무관살 陽刃無官煞	
	양인용관살대상식 陽刃用官殺帶傷食	인이호관살 印以護官殺

운법추뉴(運法樞紐)[4]

區分	主眼	干支	樞紐
大運	格局成敗	大運 運干	生剋制化의 理法 위주로 格局 成敗 판단
		大運 運支	藏干의 調候 위주로 向方의 喜忌에 따른 貴賤 계량
歲運	吉凶得失	歲運 運干	扶抑喜神에 準하여 당해 成敗吉凶 판단
		歲運 運支	刑沖會合의 作用으로 得失喜忌成敗 조율

deathblow 6 ▶

행복은 팔자의 精神(정신)으로 논해야

人有精神, 不可以一偏求也
(인유정신 불가이일편구야)

명리는 정신精神의 형이상학을 포괄한다.

성상成象을 이루어 부귀해도 행복을 보증하지 못한다.

금수극청金水極淸이나 목화광휘木火光輝, 화토협잡火土挾雜이 그러하다.

정精과 신神은 중용을 얻어야 마땅하다.

그렇지 않으면 정신 나가기 쉽다.

곧 외로운 처지를 말한다.

summary 4 ▸

∴ 양신성상

상생 오국 相生 五局		상성 오국 相成 五局	
목화광휘 木火光輝	목화상생격 木火相生格	목토배양 木土培養	목토상성격 木土相成格
화토협잡 火土夾雜	화토상생격 火土相生格	토수윤하 土水潤下	토수상성격 土水相成格
토금육수 土金毓秀	토금상생격 土金相生格	수화기제 水火旣濟	수화상성격 水火相成格
금수극청 金水極淸	금수상생격 金水相生格	화금주인 火金鑄印	화금상성격 火金相成格
수목청기 水木淸奇	수목상생격 水木相生格	금목성기 金木成器	금목상성격 金木相成格

technic 5 ▸

1. 지지의 팔자가 金水의 정기精氣나 木火의 신기神氣로만 편중되면 고독한 처지에 놓인다.

2. 이것은 형이하학적인 부귀와 의미를 달리한다. 가령 금수극청이나 목화광휘가 부귀할 때가 많지만, 곧 행복을 보증하지 못한다.

3. '정'과 '신', 어느 한 곳으로 편중된 팔자는 곧 고독명이 된다. 따라서 정과 신이 배합된 수목청귀나 토금육수의 상생은 참다운 부귀에 가깝다.

4. 일청도저에 정신을 다 갖추면 평생의 부귀를 확정짓는다.

일 청 도 저 유 정 신, 관 취 평 생 부 귀 진
一淸到底有精神, 管取平生富貴眞

deathblow 7 ▸

燥濕(조습)이 배합되면 식록이 보증된다

天道有寒暖(천도유한난), 發育萬物(발육만물)

천도에 한난이 있다.
만물의 발육은 癸와 丙의 신공에 달렸다.
한난이 적절해야 크게 발전한다.

地道有燥濕(지도유조습), 生成品彙(생성품휘), 人道得之(인도득지), 不可偏也(불가편야)

조습은 지도에 있다.

조습이 적절해야 생의를 잃지 않고 번성해질 수 있다.

한쪽으로 편중되면 의식이 부족하다.

technic 6 ▸

1. 팔자의 한난과 조습이 다 같이 적절하면 부귀와 안녕을 의심할 필요가 없다.

2. 팔자의 조습 배합 여부를 살펴 의식의 안정을 파악한다.

<table>
<tr><td rowspan="2">燥濕</td><td>燥</td><td>寅午戌巳未</td></tr>
<tr><td>濕</td><td>申子辰亥丑</td></tr>
</table>

deathblow 8 ▸

팔자가 濁(탁)하면 다성다패

만 반 탁 기 령 인 고, 일 국 청 고 야 고 인
滿盤濁氣令人苦, 一局淸枯也苦人

삶이 고된 것은 탁기가 가득하거나 일국이 청고하기 때문이다.

반 탁 반 청 무 거 취, 다 성 다 패 탁 신 혼
半濁半淸無去取, 多成多敗度晨昏

혼탁하면 지체되고, 다성다패가 잦다.

징 탁 구 청 청 득 거 　 시 래 한 곡 야 생 춘
澄濁求淸淸得去, 時來寒谷也生春

탁기를 제하고 청기를 살릴 때 비로소 부귀를 실감한다.

technic 7 ▸

1. 팔자에서 탁기의 정의는 광범위하다. 반청반탁은 보통의 사주 유형으로 처음부터 크게 꺼릴 바가 아니다.

2. 탁기는 먼저 진신을 해치는 가신의 요소다. 가령 甲이 丁을 보았을 때 癸가 있으면 이것이 곧 탁기가 된다.

3. 탁기는 격국을 성격시키는 상신의 글자를 무력하게 하거나, 성격을 다시 파격시키는 대기의 글자다. 가령 재왕생관을 이루는데 상관을 본다면 이것이 곧 탁기가 된다.

4. 희신의 뿌리를 손상시키는 글자도 탁기가 된다. 지지의 형충은 대개 탁기로 작용한다.

5. 이법 체계에서 팔자의 귀를 확정짓는 일반적 시각으로는 정신기 삼자의 구비로 갈음한

다.

<table>
<tr><td>정
精</td><td>인 수
印綬</td><td>후원
後援</td><td rowspan="3">정 신 기
精神氣, 삼자간 공히 통근해서 건전하게 투출해야 유용</td></tr>
<tr><td>신
神</td><td>식 재 관
食財官</td><td>생산
生産</td></tr>
<tr><td>기
氣</td><td>비 겁
比劫</td><td>지속
持續</td></tr>
</table>

deathblow 9 ▸

두려운 것은 養虎(양호)

凶物深藏, 成養虎之患(흉물심장, 성양호지환)

두려운 것은 양호다.

암장된 기신이 왕기를 띠면 호환이 되기 쉽다.

summary 5 ▸

∴은현(隱顯)

吉神(길신)	1. 喜神(희신)이 當令(당령)하여 透(투)하면 爭奪(쟁탈)의 害(해)가 크지 않음	
	2. 透(투)한 喜神(희신)을 좌우에서 輔佐(보좌)하면 최적	
	3. 透(투)한 喜神(희신)이 孤立(고립)되면 다소 위태	←吉神太露(길신태로), 起爭奪之風(기쟁탈지풍)
	4. 喜神(희신)이 暗藏(암장)되면 福神(복신)의 역할은 하나 貴(귀)는 낮아짐	
凶神(흉신)	1. 忌神(기신)이 透(투)하면 破格(파격)의 요인이 되어 貴(귀)가 흩어짐	
	2. 忌神(기신)이 暗藏(암장)되고 得令(득령)하면 養虎(양호)	←凶物深藏(흉물심장), 成養虎之患(성양호지환)
	3. 忌神(기신)이 暗藏(암장)되고 失時休囚(실시휴수)되면 크게 두려워할 바 없음	

deathblow 10 ▸

喜神(희신)을 보필해야 안전해진다

何知其人吉, 喜神爲輔弼 (하지기인길, 희신위보필)

보호신이 희신과 유정한 관계를 이루면 위기를 벗어난다.

위기는 전도 현상과 관련이 깊다.

팔자에 병이 없고, 희신이 보호되면 어려움이 없다.

technic 8 ▸

1. 팔자의 희신이 보호되는 구조나 유형은 구별이 여러 가지이므로 케이스 바이 케이스의 학습이 이루어져야 한다. 예컨대 한신이 한신으로 머물지 않는 이유가 여기에 있다. 또 경우에 따라서는 기신도 구제의 역할을 할 때가 있다.

2. 보호신은 사길신의 쇠왕 간법에서 특히 중시됐다.

관이호재
官以護財

인이호관
印以護官

겁이호인
劫以護印

재이호식
財以護食

'명리물상실전23수57초'의 '명리36금수'적 접근

∴ 명리36금수

子(자)			丑(축)			寅(인)			卯(묘)			辰(진)			巳(사)		
燕(연)	鼠(서)	輻(복)	牛(우)	蟹(해)	鱉(별)	狸(리)	豹(표)	虎(호)	蝟(위)	兎(토)	貒(단)	龍(룡)	鮫(교)	魚(어)	鱓(선)	蚯(구)	蛇(사)
제비	쥐	박쥐	소	게	자라	삵	표범	범	고슴도치	토끼	오소리	용	교룡	물고기	드렁허리	지렁이	뱀

午(오)			未(미)			申(신)			酉(유)			戌(술)			亥(해)		
鹿(록)	馬(마)	獐(장)	羊(양)	鷹(응)	雁(안)	猫(묘)	猿(원)	猴(후)	雉(치)	鷄(계)	鳶(연)	狗(구)	狼(낭)	豺(시)	豚(돈)	猪(저)	貛(환)
사슴	말	노루	양	매	기러기	고양이	원숭이	긴팔원숭이	꿩	닭	솔개	개	이리	승냥이	돼지	암퇘지	멧돼지

일수 : 合絆合生

'합반합생'의 이론은 학파의 독창적인 테마다. 형충회합의 첨단 기법과 함께 오리지낼러티를 지녔다. 합반은 팔자의 각 글자가 이미 합이 성립된 것으로 일단은 무용한 상태를 말하고, 합생은 합이 되지 않은 채 합의 짝을 짓는 글자의 육신이 매우 유용함을 일컫는 표현이다. 득실의 측면에서도 '합생=실득, 합반=유실'의 공식이 유효하다. 과거 '팔자술파이널블로'에서 강조한 간지干支의 물상 결합에서 한결 진전된 최신 논리다. 예컨대 팔자에 뿌리 없이 투간透干한 미약한 육신의 글자라도 그것이 지장간의 어느 글자와 합생이 성립되면 취용할 수 있다는 것이다.

■甲己■ ← 甲 合絆

■■■■

거북, 악어, 도마뱀 등의 파충류는 己土에 속한다. 甲, 표범은 己 악어와의 사투에서 먹이를 구했다. 팔자의 財, 악어를 甲의 표범에게 쟁탈당한 合絆의 순간이다.

■丁■■ ← 庚 合生

■卯■■

庚의 까마귀가 새끼 토끼를 물었다. 팔자의 卯中乙木 토끼는 庚金을 合生하므로 까마귀, 財를 불러들인 격이 됐다.

1. 合絆

■■甲己

■■■■

2. 合生

己■甲■

■■■■

3. 合絆

■■甲■ ◃ 己運, 甲己合去不化

■■申■

4. 合化

■■甲■ ◁ 己運, 甲己合去土合化

■■戊■

5. 合絆

■■甲■

■■申戌 ◁ 丑運, 丑中己土甲木合去不化

6. 合化

■■甲■

■■戌■ ◁ 丑運, 丑中己土甲木合去土合化

7. 合生

■■甲■

■■戊■ ◁ 寅運, 寅戌合作

8. 合生

■甲■■ ◁ 壬運, 戌中丁火壬水印傷合作

■■戊■

9. 不合

■甲■■ ◁ 庚運

戊申戊戌

10. 合生

■甲■壬

■■戊■

이수 : 先合後破

학파는 형충회합의 각 글자조합이 모두 영향력과 현상이 다른 점을 규명해냈다. 가령 육합에서 午未合은 각 글자가 대록帶祿의 조합으로 서로 유리하지만, 寅亥合은 먼저 합했다가 다시 깨진다는 불리한 암시를 지니는 복잡성이 나타난다. 이때 寅은 亥에서 장생長生하지만, 亥는 寅에서 병病이 든다. 다시 말해 먼저 합한 다음 나중에 떨어질 때는 亥에 해당하는 육신이 피해를 보는 상황을 설명할 수 있다. 육합에서 '선합후파'는 사생의 글자 조합으로 寅亥와 巳申이 이에 속한다.

범이 멧돼지에게 달려드는 물상, 이것이 寅亥合이다. 寅生으로 호랑이는 먹이를 구하고 亥病으로 멧돼지는 제물이 된다. 寅亥破가 됐다.

坤命

■丙■■

■寅亥■

애초에 병인생의 모친은 사위의 등장을 반겼다. 혼인 이후 장모는 사위를 마뜩잖게 여기다 이혼했다.

들고양이가 유혈목이를 유심히 지켜본다. 巳申合이다. 그러다 잡아먹었다. 申生巳病이다. 그런데 간혹 고양이도 뱀에게 물려 둘 다 당하는 수가 있다. 이것은 相刑이다.

坤命

■癸■■

■巳申■

이 사람의 부모는 한때 사랑으로 아이를 출산했다. 계사생이 세상에 태어난 이후 끈질긴 다툼으로 둘 다 상처를 입었다.

삼수 : 合庫動失

'합고동실'이란 子丑合에서 子가 丑에 입묘入墓되는 상황을 말하는 성어다. 가령 丑을 戌이 동요시키면 子의 해당 육신은 여지없이 축고丑庫에 입고하므로 해당 육신의 성분과 분리된다는 점을 강조한다. 子丑과 午未의 육합이 이에 해당한다.

쥐와 소는 친했다. 쥐는 소의 덕을 본다. 丑은 子를 끌어들인다. 십이생초十二生肖에 쥐와 소가 선두를 다툴 때부터 쥐는 소의 등에 올라타 기생寄生했다. 바둑의 따라두기 전략과 같다. 子는 丑에서 관대冠帶하기 때문에 쥐가 일등을 했다.

乾命

■戊■■
丑子■■

무자생의 아내, 쥐는 옆의 소를 더 친밀하게 여긴다. 소는 쥐를 잘 대접한다. 丑이 형충으로 깨지면 子는 여지없이 北庫로 들어간다. 아내의 가출이다.

말은 마구간에서 쉰다. 丑이 쥐구멍이라면 未는 마구간에 비유된다. 다른 말로 未는 午, 말의 휴식처란 얘기가 된다. 子는 丑에서, 午는 未에서 冠帶에 들므로 이 둘은 이상적인 육합이라 할 수 있다.

坤命

■庚■■
■午未■

경오생의 남편 말은 장모와 더 가깝다. 부부싸움이라도 나거나 걸핏하면 장모에게 달려간다. 장모의 사위사랑이 대단하다.

사수 : 合後疾忌

'합후질기'란 먼저 합했다가 나중에 원망하고 질시하는 관계가 되는 글자 조합을 말한다. 辰酉合과 卯戌合의 관계는 묘墓와 사死의 극히 불리한 포태 관계다. 이 두 글자에는 암합暗合이 작용한다. 그러니 늘 붙어 질기게 다투는 것이다. 학파에서는 육합 관계의 이질성을 포태 관계로 차별했다.

토끼를 쫒는 사냥개의 그림은 卯戌合의 물상이다. 대개 토끼는 치명상을 입게 된다. 토사구팽兎死狗烹이라, 개도 별반 끝이 좋지 않았다.

坤命

■乙■■

戌卯■戌

을묘생의 모친은 재가했는데 계부는 출가한 딸들에게 죽는 날까지 원수 같은 존재였다.

酉, 솔개가 물고기를 보고 수면위에 낙하해서 辰, 물고기를 채는 현상은 辰酉合이다. 실상 솔개는 바닷가로 가긴 원하지 않았다. 서식지가 파괴되고 먹이가 부족해 할 수 없이 물고기라도 사냥할 처지에 놓인 것이다.

乾命

■庚■■
酉辰■■

경진생의 모친은 장남에게만 헌신했다. 둘째 아들을 일찍이 외지로 보내 형의 학비를 조달하게 했으니 장남을 위해 희생시킨 셈이 됐다.

오수 : 入庫刑解

입고를 암시하는 글자의 존재가 다 나쁜 게 아니다. 팔자의 삼형에 해당하는 육신이 입묘하는 글자를 보아 형액의 흉의를 피할 수도 있다는 얘기다. 이것은 삼합이 삼형을 해소하는 법칙을 말하는 것이다. 구약에 예언자 '이사야'는 앞으로 올 낙원에 대해 묘사했다. 늑대가 새끼 양과 함께 살고 표범이 새끼 염소와 같이 사는 세상, 사자가 소처럼 여물을 먹고 젖먹이가 독사 굴 위에서 장난할 수 있는 세상이 이루어질 것이라는 것이다 - The wolf will live with the lamb, the leopard will lie down with the goat The wolf will live with the lamb - Isaiah 11:6. 늑대와 새끼 양, 표범과 새끼 염소는 먹고 먹히는 치열한 먹이사슬 관계인데 여기서는 평화로운 풍경으로 묘사됐다. 지지地支에 이 동물들을 배속하면 술戌과 미未, 그리고 인寅과 미未인데 이로써 삼형三刑은 삼합三合이 해소함을 알 수 있다. 원래 삼형은 삼합에서 나왔다.

애초에 寅과 戌은 다툴 의사가 없었다. 늑대

와 양이, 표범과 염소가 함께 누워 있는 이 그림은 평화로운 천국의 묘사다. 寅戌이 합작合作하니 戌未 형刑이 나타나지 않는다. 삼형三刑은 삼합三合이 해소하는 것이다. 하지만 합국合局이 입고入庫 현상을 온전히 상쇄하지는 않는다. 戌未 형刑으로 표범의 기세가 꺾인 것이다.

乾命

■庚■■

戌寅未午

경인생의 寅木 財는 戌未에 夾하여 입고물이 刑出된 사주 유형이다. 이렇게 입고물이 형충으로 입고 직전에 놓인 팔자의 해당 육신은 보통 위태롭기 짝이 없다. 戌은 火庫로 팔자의 財官, 寅午 처자의 입묘 상황이 불가피해 보인다. 그러나 육친은 건전했고 큰 탈이 없었다. 寅戌과 午戌의 합작이 戌未刑을 상쇄시킨 덕분이다.

육수 : 木金衝絶

'목금충절'이란 寅申沖과 卯酉沖을 설명하는 말이다. 간혹 金과 木이 沖하면 木이 일방적으로 타격을 입는 것으로 설명하는 내용이 있는데 몹시 잘못된 경우다. 沖은 공히 절지絶地에 놓이는 글자 조합으로 이루어진다. 여기에서는 전자專字라는 신어를 선보이고 있다. '간지오행총론'의 '논십간' 편을 살피면 천간은 모신母神이라 해서 지지의 글자를 보호하는 작용력이 있다. 까닭에 寅申이 沖하면 寅과 申이 공히 절멸하기 쉬운데 이때 팔자에 甲이라는 글자가 있다면 甲寅은 전자로 寅은 沖의 위력으로부터 甲에 의해 구제되는 현상이 나타난다. 즉 申의 육신이 다치는 결과를 보기 쉽다는 애기다.

원숭이가 호랑이를 만나면 불면호구不免虎口의 위험에 처한다. 표범은 원숭이도 곧잘 습격한다. 원숭이와는 寅申沖으로 표범이 원숭이를 습격할 때면 둘 다 최악의 상황이라 할 수 있다. 이때는 형편이 좋지 않을 때로 굶주림에 지쳤을 때다.

卯와 酉는 서로 절지絶地가 되어 찌르고 찔린다. 솔개가 토끼를 잡지만 오소리도 꿩과 닭은 덮친다. 이것이 卯酉沖이 금수禽獸 물상이다. 토끼의 덫에는 꿩이 걸리기도 한다. 토라치리兎羅稚罹는 소인으로 인해 군자가 다친다는 말이지만 어쨌거나 卯酉의 충沖의 상황을 반영하는 말이다.

寅과 申은 쌍방이 절지絶地에 놓인다. 비비 baboon의 개코 원숭이가 격렬한 먹이 사냥이 시작되면 표범도 당하기 일쑤다. 그림은 申寅申으로 旺者가 衰者를 沖하는 상황이다.

대개 卯와 酉는 서로 다치지만 이 그림에서 절대 약자는 卯, 토끼다. 辛酉의 專字가 卯를 본 물상이다.

坤命

辛己■■
酉卯■■

기묘생은 자식을 두고 남편을 잃은 과부의 명이다. 앞에 수리의 토끼 사냥 그림을 떠올려 보라.

칠수 : 水火衝絶

'수화충절'은 子午沖과 巳亥沖을 설명하는 말이다. 쌍방이 절지絶地에 놓이니 '둘 다 다친다'는 얘기인데 보통 왕자旺者나 왕신旺神, 전자專字의 조건에 놓인 글자가 피해를 입지 않는다.

子는 현침懸針의 글자들과 복잡한 물상을 짓는다. 子午는 충沖이고 子卯는 형刑이다. 申子는 회會고 子未는 해害다. 마식서시이복창馬食鼠屎而腹脹, "말은 쥐똥을 먹으면 창자가 꼬인다"고 했다. 정오와 자정이 정반대에 놓이듯이 둘은 성격 자체가 다르다. 午와 未는 쥐덫이나 쥐틀과 같다.

子는 말에 가하는 채찍에 비유할 수 있다. 팔자에 子午의 충沖이 있고 양인陽刃이 겹치면

검난劍難이 따른다고 했다. 가령 병자일생丙子日生이 午를 보면 본인과 자식의 수술을 예견할 수 있다. 子가 午를 찌르고 午가 子를 찌르기 때문이다. 마음이 격激하여 노여운 감정이 북받쳐 오를 때가 많다. 팔자에 금목金木이 상전하면 인의仁義가 없고, 수화水火가 교전하면 싸움이 그치지 않는다고 했다.

한자漢字에 관한 그럴듯한 설이 하나 있다. 지붕(宀) 아래 다른 건 없어도 돼지, 시豕는 살아야 한다는 것이다. 상고시대上古時代에는 뱀이 매우 두려운 존재였다. 아침에 인사말이 '무사호無它乎?', 곧 '뱀 없어?'였다. 가장 겁나는 게 잠잘 때 뱀이 기어들어와 해치는 것이었다. 당시 사람들은 이미 뱀과 돼지의 상극相剋 관계를 발견하여 집家에 돼지를 길러 뱀의 침입을 방지했다. 아무리 둔한 돼지도 뱀만 보면 한 입에 잡아먹는다.

뱀이 돼지에게 당하기만 하는 게 아니다. 새끼돼지 정도는 한입에 꿀꺽 삼키는 뱀들도 얼마든지 찾아볼 수 있다. 巳亥 충沖은 이렇게 서로 절지絶地로 치닫는 불리한 결과를 보기 쉽다. 봉시장사封豕長蛇란 식욕이 왕성한 큰 돼지와 먹이를 씹지 않고 통째로 삼키는 긴 뱀이라는 뜻으로 탐욕스런 악인을 두고 이르는 말이다.

乾命

■辛癸■

■巳亥■

신사생은 자식을 교통사고로 잃었다. 巳亥沖에 亥는 癸亥의 專字로 巳가 당했다.

팔수 : 木金衝墓

'목금충묘'란 丑未沖을 설명하는 말이다. 사고四庫의 글자가 沖할 때는 먼저 팔자의 木과 金의 글자가 입묘되는 현상에 주목해야 함을 강조한다.

확치자응攫雉者鷹, 꿩 잡는 게 매다. 戌未刑이나 丑未沖으로 乙이 未로 入庫되면 매가 꿩을 낚아챈 격이 된다.

乾命

■辛乙■

■丑未■

신축생의 아내가 수술도중 숨졌다.

구수 : 水火衝墓

'수화충묘'란 辰戌沖을 설명하는 말이다. 이때는 팔자의 水와 火에 해당하는 글자 육신이 입묘하는 현상에 주안을 둔다.

늑대는 불곰처럼 연어를 낚아챈다. 팔자에 辰戌 충沖은 甲辰, 乙未, 丙戌, 丁丑, 戊辰, 壬戌, 癸丑의 백호白虎 재앙災殃을 부르기 쉽다.

乾命

■壬丙■

■戌辰■

임술생의 부인은 임신중독증으로 임신 중에 사망했다.

십수 : 病者刑厄

'병자형액'은 寅申巳 삼형의 관계를 다뤘다. 寅巳刑하면 일단 寅의 육신에 손상이 나타나기 쉽다. 寅은 巳에서 병病이 들지만 巳는 寅에서 장생長生하는 까닭이다. 巳申刑이면 巳의 육신이 병病드는 결과를 보기 쉽다. 보통 刑은 강자에게 약자가 당하는 국면을 야기한다.

寅巳 형刑은 대개 한쪽의 재난으로 닥친다. '여우와 큰 뱀(The Fox and the Giant Snake)'은 초등학생들이 즐겨 읽는 미국동화의 제목이다. 내용이 대강 이렇다. 여우 한 마리가 나무 밑을 지나다가 잠들어 있는 뱀을 보았다. "이 뱀은 몸이 아주 길고 유연하구나. 내 몸도 뱀처럼 길면 얼마나 좋을까? 그러면 높은 곳에도 아주 쉽게 올라갈 수 있을 텐데." 여우는 뱀의 긴 몸이 부러웠다. 그래서 여우는 뱀 옆에 나란히 누워서 자신의 몸을 길게 늘여 보기로 했다. 조금씩 늘어지는 것 같은 느낌에 신이 난 여우는 더욱 힘을 주면서 몸을 길게 늘였다. 하지만 어느 정도 늘어난 몸은 더 이상 늘어나지 않았다. "해보자! 있는 힘을 다해 늘여보는 거야." 여우는 숨을 크게 쉬고, 몸을 최대한 길게 늘이기 위해 있는 힘을 다 주었다. 그러자 갑자기 '뚝' 하는 소리가 들렸다. 그만 여우의 허리가 부러지고 만 것이다. 寅巳 형刑이다. 여우가 뱀 껍질을 벗기는 이 그림은 甲

寅의 專字가 巳를 刑하거나 또는 寅寅이 巳를 財刑하는 물상으로 간주할 수 있다.

乾命

■丁■■
申巳■■

정사생의 부인은 소박을 당했다. 결국 무일푼으로 버림받았는데 차라리 헤어진 게 몸을 지킨 셈이다.

십일수 : 逢沖現發

辰戌이 沖하면 먼저 水와 火의 육신이 입묘되는 현상이 나타난다. 다음으로 土의 육신도 상하기 쉽다. 이때 천간에 戊己土가 드러나 있으면 土의 육신은 오히려 발전하는 현상을 논한 말이 '봉충현발'이다. 종래의 왕자입고설이 土에는 해당 사항이 없다는 점을 분명히 한 대목이다.

승천하는 용의 형상은 辰戌沖이 戌를 본 물상이다.

坤命

■壬戊■

戊辰■■

임진생의 남편은 고위공직자로 승승장구했다. 혹자는 '여명의 魁罡이 沖을 당해도 이혼을 단정하지 말라'고 역설하는데 잘 살펴보면 戊土가 出했을 때 부군의 출세가 나타난다. 봉충현발이다.

십이수 : 刑者怕庫

'형자파개'란 刑의 글자가 四庫를 보면 刑의 물상을 짓기 쉬우므로 이를 두려워한다는 뜻이다.

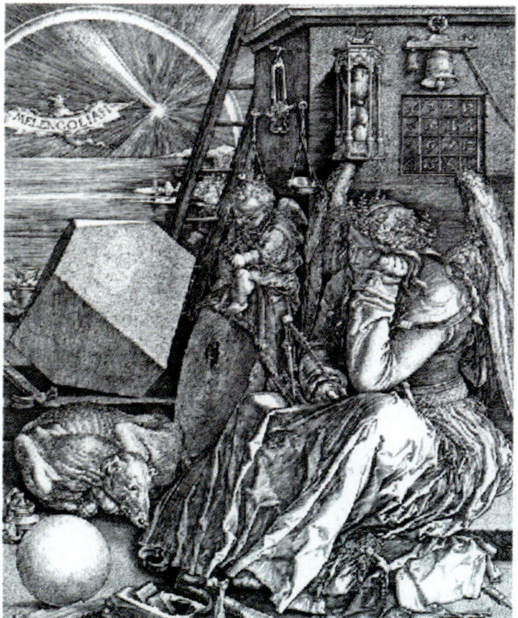

뒤러(Albrecht Duerer)의 동판화 'Melancholia I'을 보면 왼쪽 상단 귀퉁이의 박쥐 날개에 '우울증'이란 제목이 새겨져 있음을 알 수 있다. 子, 박쥐와 더불어 아래 戌, 개는 침울함 그 자체다. 팔자에 戌과 子가 있으면 대개 멜랑꼬리 melancholy한 기질을 품는다. 우울과 불안, 곧 스트레스는 만병의 근원이 된다. 여기에 子酉파破나 丑未의 형刑이 가세하면 질환疾患을 피해갈 수 없다. 보통 신경성위장병이 악화되는 경우가 많다. 수술의 물상이다.

坤命

辛丙■■
卯子戌■

병자생은 곤랑도화滾浪桃花로 색정이 화가 되어 오랜 병마에 시달렸다.

십삼수 : 懸針浴死

午, 卯, 未, 申 등의 현침 글자는 각기 욕浴, 병病, 사死, 절絶 등의 불리한 포태 조합을 짓게 된다. 현침의 글자 조합이 왜 무서운 현상으로 나타나는지에 대한 명료한 이론적 근거를 제시하는 말이 '현침욕사'다.

제비는 상당히 빨리 나는데 未, 새호리기는 더 빠르게 공격한다. 癸는 未가 묘지墓地다. 박쥐는 동굴을 벗어나면 未, 매의 공격을 받는다. 子는 현침懸針의 바늘 글자를 두려워한다. 子, 제비와 未, 기러기의 관계도 서먹하다. 제비가 날아올 즈음 기러기는 떠나는데, 사람이 서로 멀리 떨어져 사이가 두텁지 않고 거리가 있어 어색한 관계를 두고 연안대비燕雁代飛라 한다. 제비와 기러기는 늘 서로가 반대의 입장이 되어 만나지 못하니 이를 한탄하는 말이 바로 연홍지탄燕鴻之歎이다. 같은 철새라도 제비와 기러기는 평생 일면식一面識도 없다. 이것이 곧 子未 해害요, 원진怨嗔의 관계다. 이 두 글자에 해당하는 육신六神은 도모하는 일이 항상 어긋난다. 제비가 기러기를 만나면 묘지墓地에 들고, 기러기가 제비를 만나면 절지絶地에 들기 때문이다. 기러기는 홀로 되면 평생 재혼을 하지 않고 새끼들을 극진히 키우는 것으로 알려져 있다. 가족과 어쩔 수 없이 떨어져 살아야 하는 모습이 기러기를 닮았다 해서 기러기 아빠(daddy goose)라 말한다. 팔자에 재관財官이 子未에 들면 육친의 덕이 박薄하고 고독한 처지에 놓이기 쉽다.

坤命

■丁■■

■未■子

정미생은 자식의 유학길에 함께 올랐다. 오랜 기간 남편과 떨어져 지냈다. 자식이 외국에서 거주하기를 결정했으므로 아버지와는 육친의 연이 박한 셈이 됐다.

원숭이와 말은 욕정의 상징이다. 원숭이와도 어긋난다. 申과 午는 쌍방이 욕패浴敗에 놓인다. 날뛰는 말과 떠드는 원숭이는 진정시키기 어려운데 번뇌와 정욕情慾으로 마음이 흐트러져 억누를 수 없는 지경을 두고 의마심원意馬心猿이라 한다.

坤命

■甲■■
戊午■申

갑오생은 성장기에 학업과 태도가 불량했다. 성품은 사나왔고 중년에 도박으로 탕진했다. 申, 까마귀는 부리로 단 한 번 쪼아 다른 까마귀의 눈을 뚫어버릴 수 있고 戌, 늑대는 단 한 번의 공격으로 상대의 목덜미 정맥을 끊어 놓을 수 있다. 팔자에 申이 있고 戌을 보면 개사슴록변·犭의 짐승 조합이 되어 교활하고 날쌘 기질을 품기 쉽다. 팔자에 戌과 申이 있으면 사나운 기질이 드러난다.

십사수 : 懸針劍難

현침의 글자가 양인과 짝을 이루면 수술, 상해 등의 물상으로 나타나기 쉽다는 말이 '현침검난'이다.

암사슴을 차지하기 위해 수사슴들은 목숨 건 혈투를 벌인다. 午午의 형刑은 상해傷害나 수술手術, 마음의 상처를 암시하는 물상이다. 양중지양陽中之陽의 병화丙火가 곧 사슴이다. 록鹿은 천자天子를 상징한다. 그래서 천자의 자리를 중원지록中原之鹿이라 했다. 정권이나 지위를 얻기 위해 다툼을 이르는 말이 축록逐鹿이다. 항우項羽가 남긴 말에 거록鉅鹿이라는 말이 있다. 전투에서 유래된 이 말은 살아 돌아가기를 기약하지 않고 맹렬한 기세로 싸운다는 뜻이다. 午午가 겹치면 피를 부른다.

乾命

■丙■■
■午午■

병오생은 재산 분배 문제를 놓고 형과 고소니 맞고소니 하면서 골육상쟁을 벌였다. 바카야로(馬鹿野郞, ばかやろう)의 물상이다.

십오수 : 曲脚刑疾

乙, 己, 巳, 丑의 곡각 글자가 삼형과 연계되면 신병을 피하기 어렵다는 말이 '곡각형질'이다.

巳는 丑의 상대가 못된다. 자라에게서 볼 수 있는 가장 흥미로운 모습은 물어뜯기. 쇠붙이도 끊어버린다고 할 만큼 물어뜯기 선수인 자라는 구렁이에게 칭칭 몸을 결박당한 상태에서도 구렁이의 머리와 몸뚱이를 무차별 물어뜯기로 가뿐히 물리친다. 뿐만 아니라 수컷들 간의 힘 대결에서도, 암수 짝짓기 때도 물어뜯기는 자라만의 공격무기이자 특별하고 열정적인 애정표현 방식이다. 巳丑 회會는 현무玄武의 물상이다. 현무는 사신四神 중의 하나로 여겨지는 상상의 동물이다. 암수가 한 몸이고 뱀을 몸에 칭칭 감아 얽혀 뭉쳐 있는 다리가 긴 거북의 모습을 하고 있다. 암컷인 거북의 머리와 수컷인 뱀의 머리가 원을 그리며 교차하는 모습으로 자주 그려지는데, 이는 암수가 서로 합하여 조화를 이룬다는 의미를 지니고 있다. 일반적으로 현무는 생명의 끝, 곧 죽음을 알리는 북쪽의 수호신으로 여겨지며 북쪽이 검은색을 나타낸다는 사실에서 현玄이라 한다. 거북의

두꺼운 등껍질을 등에 이고 방어에 뛰어난 점과 뱀의 날카로운 이빨이라는 점에서 무武라 한다고 알려져 있다.

乾命

■己■■

■巳■丑

기사생은 움직이지 않으면 늘 몸이 쑤시고 아픈 것이다. 특별한 원인이 없으므로 巫病과 같다.

십육수 : 三會顚倒

팔자에 삼회가 성립되면 조건반사적으로 전도reverse 상황을 떠올리는 실기 용어가 '삼회전도'다. 이 말은 '삼회와 리버스'의 공식으로 잘 알려진 내용이다. 가령 수국水局을 지으면 반극反剋이 되는 금침金沈, 반생反生이 되는 목표木漂, 역극逆剋이 되는 토류土流의 현상을 보는 것이다. 즉 삼합이나 방합을 짓는 운에는 팔자의 미약한 육신 글자가 전도되는 현상을 포착해서 통변하는 요긴한 법수를 일컫는 말이다.

■壬■■ ← 丙 顚倒
亥子子申

장마로 인해 물에 빠진 丙, 사슴이 구조를 기다리고 있다. 팔자에 水局을 짓고 藥神인 戊土가 없으면 丙財, 사슴은 수장을 피하기 어렵다.

십칠수 : 胎刑異變

'태형이변'이란 子巳合과 卯申鬼의 글자 조합이 가져오는 특이한 현상을 이른 말이다. 이들 글자 조합은 모두 태지胎地인데 이때 삼형三形과 연계되면 변고가 나타난다.

제비의 천적은 뱀과 까마귀다. 뱀이 새집을 잘 넘본다는 것은 옛날부터 흔히 알려져 있는 사실이다. 뱀은 제비새끼들의 가장 무서운 적이 아닐 수 없다. 壬은 巳에서 절지絶地에 놓인다. 육식성인 까마귀는 제비 알은 물론 새끼까지 잡아먹는다. 그러니 子가 巳를 보고 申을 보면 당연 화禍가 미친다.

유럽의 동화 '장화 신은 고양이Le Chat Botté'는 속임수를 써서 가난뱅이가 된 주인이 부자가 되도록 도움을 준 한 고양이에 관한 이 이야기로 수백 개의 변형이 존재한다. 장화를 신고 가방을 들고 다니는 고양이는 사냥한 토끼를 궁전으로 가져가 바치면서 주인을 부자로 만든 계기를 마련했다. 卯申鬼는 태지胎地의 조합이다. 끝도 없이 만들어 내는 것이다. 그리고 여기엔 일종의 기만 술책이 담겼다. 卯申은 음양陰陽의 교접으로 생명을 잉태孕胎한다. 여기에는 부정이 섞이면 안 된다. 대저 태胎의 조합에 형刑이 들면 이변異變이 속출한다. 丙癸의 子巳와 乙庚의 卯申이 그러한데 여기에 子卯의 형刑이나 寅巳, 巳申의 형刑이 들면 그렇다는 얘기다. 더구나 卯申은 귀문鬼門인데 형刑이 들면 기괴奇怪한 일이 있다.

坤命

■乙■■

■卯申■

을묘생의 남편은 처제와 외도를 그치지 않았다.

십팔수 : 成象怕破

'성상파파'는 양신의 성상을 파하는 게 불가함을 이른 말이다. 이것은 팔자를 판독하는 정석의 하나다.

戊丙戊丙 ← 壬癸 帕破

戊午戌戌

수격병화水激丙火, 즉화멸야卽火滅也

甲癸甲癸 ← 庚辛 帕破

寅亥寅亥

丁甲丁甲 ← 壬癸 帕破

卯午卯午

辛戊辛戊 ← 丙丁 帕破

酉戌酉戌

십구수 : 庫出移入

'고출이입'은 팔자에 입고물入庫物이 이미 충출沖出된 경우에 입고 현상이 빈번하게 나타남을 뜻하는 말이다. 가령 팔자에 丑戌刑이 있고 천간이나 지지에 丙丁이나 巳午가 있다면 고출이입의 전형이 된다.

丑未가 충沖하면 卯는 입묘入墓한다.

坤命

■己■■

未卯丑■

기묘생의 남편, 외도가 지나쳤다.

이십수 : 北庫水鬼

子丑合이 나타내는 여러 가지 질병과 흉조를 강조한 말이 '북고수귀'다. 예컨대 팔자에 子丑合이 있고 酉가 있어 子酉破가 겹치면 위장에 물이 차는 질환을 면하기 어렵다.

솔개가 박쥐를 공격한다. 子, 박쥐는 丑, 동굴 속에 있을 때가 안전하다. 박쥐의 천적은 매, 수리, 고양이, 올빼미, 족제비 등인데 모두 현침懸針의 글자에 배속된 동물이다. 박쥐는 뾰족한 바늘을 두려워한다. 바늘이 자극하면 박쥐는 미쳐버릴 - have bats in the belfry - 지경이 된다. 子酉의 파破는 주로 수술, 상해 등의 물상物象과 밀접히 연관된다. 辛은 子에서 생生하지만 癸는 酉에서 병病든다. 현침懸針의 조합은 대개 상파相破한다. 子, 쥐와 卯의 족제비는 酉, 닭의 항문을 은밀히 습격한다. 다음에 모이주머니를 먹고 숨을 거두면 내장을 다 파먹는다.

乾命

■庚■■

酉子丑■

경자생은 위암 환자의 명이다.

이십일수 : 寅生精神

寅에서는 甲丙의 木火가 록생祿生한다. 곧 정신계를 지향하기 쉬운데 이를 일러 '인생정신'이라 말한다.

말이나 사슴, 노루는 범의 상대가 될 수 없으

나 말을 탄 장수의 사냥에 범은 죽음을 맞이했다. 寅은 午에서 사死하고, 午는 寅에서 사死한다. 개구리 중사 '케로로'의 이야기에 생명의 트라우마trauma에 기생하는 우주생물의 이름으로 '타이거호스(tiger-horse)'를 등장시켰다. '링'에서 저주의 유전자로 나오는 '사다코'를 패러디한 생물체가 바로 이것인데, 호마虎馬를 일본어로는 '토라'와 '우마'로 발음한다. 범과 말을 토라우마(虎とら, 馬うま)로 변형시키다니 대단한 말장난이다. 분목焚木되면 정신이상이 온다는 것을 알아서였을까? 팔자에 가급적 寅과 午는 거리를 두고 있어야 길조吉兆가 두터워진다. 午는 마치 마이동풍馬耳東風과 같다.

坤命

■甲■■

寅申寅申

甲申生은 봉신封神하는 사람이다.

이십이수 : 合財維生

재財는 양명지원이다. 팔자에 재성을 일원日元이 합생하는 구조라면 대개 삶의 터전이 확고한 편이다. 이러한 구조가 깨지면 수壽나 육친의 이별을 보게 된다. '합재유생'은 이 같은 상관관계를 이른 말이다.

물고기를 쥔 고양이(lucky cat, まねきね)는 申辰 합작合作의 행운을 부르는 소품이다. 고양이가 한 손을 들고 위아래로 흔드는 것은 '복과 재물을 부른다'는 뜻이다. 일본인들은 고양이 손이 더 높이 올라갈수록 더 많은 복과 재물을 불러온다고 믿는다. 어떤 고양이는 왼손을, 또 어떤 고양이는 오른손을 흔든다. 왼손은 복과 사람을, 오른손은 재물과 금전을 불러

온다고 한다. 마네키 네코는 흰색과 검은색, 갈색 고양이가 대부분이었다. 하지만, 현재는 금색, 파란색 등 다양한 색으로 나오고 있다. 일본 사람들은 마네키 네코가 색깔별로 다른 복을 가져다준다고 믿는다. 이를테면 보라색은 성공, 핑크는 혼담, 블루는 합격, 그린은 귀인, 브라운은 출세, 옐로우는 희망, 화이트는 액막 등인데 상술商術이다.

乾命

■庚■■
辰申■■

庚申生은 주머니가 비는 법이 없다. 辰中乙木의 암재暗財를 合作하는 까닭이다.

이십삼수 : 羅網暗昧

천라지망이 나타내는 복잡한 현상을 수렴한 말이 '라망암매'다. 라망이 겹치면 절대絶帶의 물상이 엮이므로 어리석은 짓으로 관재官災를 면키 어렵다.

구약舊約에 "강과 바다에 있는 모든 것 중에서 지느러미와 비늘 있는 것은 너희가 먹되 지느러미와 비늘 없는 모든 것은 너희에게 가증한 것이니 너희는 그 고기를 먹지말라"고 했다. 물고기는 辰이지만 뱀장어나 메기, 미꾸라지 등의 류類는 다 巳에 속한다. 팔자에 辰이 巳를 보면 라망암래羅網暗昧라, 어리석어 생각이 어두워진다고 했다. 노어해시魯魚亥豕, 어로불변魚魯不辨이라 심하게 무식해지는 수가 있다.

천라지망天羅地網에서 戌亥는 '천라'고 辰巳는 '지망'이다. 辰巳는 물고 물리며 죽을 짓을 한다. 辰巳는 용사龍蛇의 혼잡이라 하여 일진일퇴一進一退니 辰이 巳를 보면 퇴退요, 巳 가 辰을 보면 조상이라 하여 진進한다. 하늘이 서북西北으로 기울어져 戌亥에 이르면 육음六陰이 마치는 것이고 땅은 동남東南에 이르면 육양六陽이 그치니 음양陰陽의 종극終極에 이르면 명암明暗이 분명치 못하다는 뜻이다. 팔자에 라망羅網이 있으면 일단 불리하고 戌이 辰을 보면 관재나 송사가 있게 되고, 지체遲滯가 있으며 선후先後가 맞지 않고 조상이 방해妨害하고 부부가 불화하는 등의 재앙이 이어진다고 했다. 이 글자들은 의약醫藥, 술수術數 계통의 활인活人이나 검경檢警, 법조法曹의 형권刑權 등의 업상業象과 연관이 깊다. 고인들이 말하길 "戌亥는 고독성이요, 辰巳는 장애障碍의 패망성"이라 했다. 戌亥나 辰巳가 원명原命에 있을 때 戌亥는 辰巳의 년年, 辰巳는 戌亥의 년

年이 오면 반드시 재해災害가 발생한다는 것이다.

유럽 민담에 아기돼지 삼형제(3 little pigs) 이야기가 있다. 막내 돼지가 벽돌로 견고하게 집을 지은 덕분에 형제들이 모두 늑대의 침입으로부터 살아남을 수 있었다. 막내돼지는 집을 떠나기 전 “무서운 늑대를 조심하라”는 엄마돼지의 충고를 새겨들었다. 덕분에 해피엔딩으로 끝났다. 동화에서 돼지들은 당돌했고, 늑대는 이빨이 부러지는 수모를 겪고 울기까지 했다. 亥는 술戌에서 대帶에 들고 戌은 亥에서 절絶한다. 戌亥는 천라天羅이자 천문天門이 들었다. 이를 충沖하면 지망地網이 겹치는 셈이라 구설, 송사, 관재官災가 침범한다.

늑대가 멧돼지를 물었다. 버겁긴 해도 늑대는 멧돼지를 사냥한다. 일설에 戌은 영기靈氣고

亥는 학문學問이라 했다. 신험神驗이 학문學問을 초월하는 것일까. 결론은 亥는 술戌에서 대帶에 들고 戌은 亥에서 절絶하는 것이다.

저자 약력

著者 略歷

Profile*

이수(李修, 본명 · 이지승)
부산 생
한국을 대표하는 세계적 명리학자

Brief Record Work

2000년 ▶ 역학계 데뷔, 최초 역술기업 (주)애스크퓨처 법인 설립
운세 역학포털사이트 '애스크퓨처닷컴(www.askfuture.com)' 런칭
2001년 ▶ 한국능률협회, 최고 경영자 과정 세미나 초빙 강연
2002년 ▶ 이코노미스트 '이수 · 고승덕' 하계 투자컨설팅 세미나 개최
증권 사이트 '팍스넷' 투자분석가(전문 애널리스트) 기고
2003년 ▶ 조선일보 계열, 스포츠조선퓨처미디어(SCFM) 대표이사 취임
2004년 ▶ 월간중앙, 오피니언리더 실용역학강좌 런칭
2005년 ▶ Askfuture USA 법인 설립
매일경제신문, 한국의 창조 인사 20인 선정 '매경창조포럼' 초청 연사
2006년 ▶ 전국경제인연합회 연찬회 초빙강사 강연
2007년 ▶ 대한민국 특공대 예비역 중앙회 초대회장 취임
2008년 ▶ 세계불교법왕청 불교신문 및 영문 외교저널 총괄 회장 추대

Literary works

1997년 '唐四柱' (동학사)
2001년 '滴天髓 써머리' (동학사)
'주가 등락 알 수 있다' (애퓨북스)
2003년 '滴天髓摘要' (臺灣武陵出版有限公社)
2004년 '팔자술 필살기(데쓰블로)' (장서원)
'부자의 운명으로 갈아타라' (매일경제신문사)
'펑수이 큐어(FengShui Cure)' (찬섬출판사)
2005년 '子平眞詮 리뷰 I, II' (장서원)
'欄江網 마스터리 I, II, III' (장서원)
'팔자술 파이널블로' (장서원)
'풍수 인테리어' (디지털북스)
2006년 '滴天髓摘要 해설' (장서원)
'滴天髓 스펙트럼 I, II' (장서원)
2007년 八字入門[BaZi Primer Series I – VI] (장서원)
Module 1, 干支八字, The Sexagenary Cycle
Module 2, 五行十星, The Five Elements
Module 3, 生旺死絶, The rise and fall
Module 4, 六神物象, Phases of the BaZi
Module 5, 空亡秘鑰, Touching the Void
Module 6, 刑沖會合, The Kaleidoscope of Life
2008년 八字虛字論, The Invisible of the BaZi (장서원)
2009년 한권으로 읽는 이수명리학 (장서원)

Media activities

2000년 ▶ 중앙일보 이코노미스트, 한국경제신문 고정 칼럼니스트
한국경제TV MC 및 패널리스트
- 이코노미스트, '이수 선생의 四柱-테크' 연재
- 한국경제신문, '명사들의 사주 산책' 연재
- 스포츠조선, '오늘의 운세' 연재
- 한국경제TV, '국민주식고충처리반' 진행
- 한국경제TV, '동양학으로 보는 증시 예단' 진행

2001년 ▶ 코리아타임즈(The Korea Times) 칼럼니스트
- 코리아타임즈, 중앙데일리 '매년 國運 예측' 기고
- 이코노미스트, '벤처CEO 추명(推命) 탐방 시리즈' 연재
- 한국경제신문, '십간론 증시 예측' 연재

2002년 ▶ 중앙일보 '오늘의 운세' 연재
서울경제신문 '오늘의 재운' 연재
- 한국경제TV, '投資와 命理' 진행
- 한국경제TV, "동양학으로 그려본 2002년 주가 그래프" 진행

2003년 ▶ 스포츠조선 칼럼니스트
- 스포츠조선, '재테크와 역술' 연재
- 이코노미스트, 'CEO 풍수학' 연재
- 월간중앙, '이수의 명리학 강의' 연재

2004년 ▶ 머니투데이 칼럼니스트
- 머니투데이, '매직다우, ^DJI 등락 주간 예측' 연재
- 한국경제TV, '건강충전, 풍수-테크' 연재

2005년 ▶ 매일경제신문 칼럼니스트
- 매경, '財運과 命理' 연재

2008년 ▶ 동아비즈니스리뷰(DBR) 칼럼니스트
- DBR, '펑수이 테크' 연재

2009년 ▶ 세계일보 칼럼니스트
- 스포츠월드, 'SW사주산책' 연재

Press releases**

... "이수 선생이야말로 온고지신에 두루 능통한 유일한 명리학자로 사주명리 분야에서만큼은 한국이 세계에서 가장 앞서가게 만든 장본인" ...
- 세계일보 생활/문화 | 2009.06.03 -

... '역술의 지존' 으로 불리는 명리학자 이수씨는 역술계 최고 학파로 자리매김한 '이수학파(이수명리학회)' 를 설립한 세계적 명리학자다...
- 세계일보 생활/문화 | 2009.05.22 -

...인물 중 한 명으로 '피겨 여왕' 김연아의 코치 브라이언 오셔를 꼽는데 주저함이 없다. 대표적인 사이버 술객 이수 선생은 '스포츠 스타...
- 매일경제 생활/문화 | 2008.12.26 -

...이수 사장은 국내 최초의 본격 명리학 사이트 에스크퓨처닷컴을 만들었으며 최근 미국 법인을 설립했다. 은행 외환 딜러로 일하다가...
- 동아비즈니스리뷰 | 2008.09 -

...대한민국 특공대 전우회가 2일 서울 향군회관에서 창립대회를 갖고 공식 출범했다. 특공전우회 이지승 회장은 "20만 명의 전우가 배출됐...
- 경향신문 사회 | 2007.02.02 -

...이수 에스크퓨처닷컴 대표는 유명 인사 선거 당락을 적중했고 미국 다우지수와 한국 증시 지수를 맞혀 일약 유명해진 한국 역술계 대표...
- 매일경제 경제 | 2006.03.09 -

...대통령의 재선, 서울시장 당선을 예측한 것이 대표적인 사례. 이수 대표는 특히 지난해 3월 이헌재 전 경제부총리의 낙마시점을 정확하...
- weekly경향 정치 | 2006.01.06 -

...특화 분야를 내세운 이도 적잖다. 가령 이수 에스크퓨처닷컴 사장은 외환딜러 출신답게 주식 장세전망에 발군의 실력을 자랑한다. 신세...
- 한경비즈니스 경제 | 2006.01.15 -

...대만에는 마니아까지 생겼다. 우리나라 명리학자로서는 처음 있는 일이다. 이수 대표는 4세대 선두주자로 세계적인 명리학자 대열에 오른...
- 경향신문 사회 | 2005.12.18 -

...사람이 많을 것입니다. 이수 에스크퓨처 대표는 육십갑자를 통해 주가, 그것도 뉴욕 다우지수의 움직임을 일주일전에 예측하는데 도전...
- 머니투데이 경제 | 2005.02.07 -

... "주식 2005년에 사서 2009년에 팔아라." 간단하게 말해서 매년의 계(癸)년에 주식을 사서 무(戊)년에 팔면 엄청난 수익을 실현시킬 수 있다...
- 머니투데이 경제 | 2005.01.02 -

...이수 대표(40)는 국내 역술가로는 중국 본토에서 최초로 '적천수적요' 라는 명리학서를 출간하면서 사계 최고의 술사(術士)로 부상한 저명한...
- 경향신문 사회 | 2004.12.30 -

...양택의 이론체계가 제대로 정립되지 않은 국내에서 '풍수 교정' 으로 주목받고 있는 풍수 전문가 이수씨에게서 '가정 풍수 '를 들어봤다...
- 중앙일보 사회 | 2004.12.03 -

...원광대 동양학대학원에서 강의하고 있는 이수(李修, 40) 씨는 1년 전 월간중앙에 연재했던 '세계적 인물의 사주학적 운명' 에서 부시의 재선...
- 연합뉴스 생활/문화 | 2004.11.04 -

...풍수 전문가 이수(李修· 40)씨가 신개념 풍수 해설서 '평수이 큐어(Fengshui Cure· 찬섬 간)를 내놓았다. 이씨는 " '평수이' 란 '風水' 의 중국 발음...
- 조선일보 사회 | 2004.10.31 -

...기업체 최고경영자(CEO)들이 자신의 성공체험을 담은 책을 줄줄이 내놓아 서점가에서 인기를 얻고 있다. 에스크퓨처닷컴의 이수 대표는...
- 연합뉴스 생활/문화 | 2004.06.24 -

...저명한 사주 추명가 이수(李修)씨가 지은 '팔자술 필살기(八字術 必殺技)' (장서원刊)가 출간됐다. 저자는 각종 언론의 역술 칼럼니스트로...
- 연합뉴스 생활/문화 | 2004.06.18 -

...최근 출간된 '부자의 운명으로 갈아타라' (이수 지음)는 그래도 방법이 있다고 가르친다. 투자 분석가이면서 명리학 전문가인 저자는 부자...
- 매일경제 생활/문화 | 2004.05.07 -

...부자의 운명으로 갈아타라」(이수 지음)는 역술을 통한 미래 예측과 재테크, CEO 풍수학, 한반도의 사주학적 운명 등을 살핀 책이다. 역술...

- 연합뉴스 생활/문화 | 2004.04.30 -

...2000년 대선에서도 이수 대표는 부시가 고어를 누르고 미국 대통령에 당선될 것이라고 한국경제신문에 기고했던 '명사들의 사주 산책' 이...

- 연합뉴스 사회 | 2003.11.04 -

...경영자를 비롯한 '21세기 오피니언 리더를 위한, 이수(李修)의 실용 명리학 대강좌' 가 오는 27일 중앙일보사에서 월간중앙 주최로 열린다...

- 중앙일보 사회 | 2003.09.02 -

...애스크퓨처닷컴 이수 대표의 '동양 예측술을 말한다' 와 '팔자술 실전', 조용헌 원광대 교수의 '음양오행의 원리와 명리' 등이 강좌의 주내용...

- 중앙일보 사회 | 2003.08.25 -

...이수씨는 중앙일보에 '오늘의 운세', 본지에 '세기적 인물의 사주학적 운명' 등을 연재하는 국내 최고의 역술가로 세계적 술사로서의 행보를...

- 월간중앙 | 2003.07 -

...국내 역술인이 출판사상 처음으로 대만에서 역술 전문서를 발간해 화제다. 국내 최고의 술사로 자리매김한 이수 씨가 적천수적요(滴天髓...

- 서울경제 문화 | 2003.04.22 -

...한국 역술인이 대만에서 역술 전문서를 최초로 출간했다. 역학전문 출판사인 대만의 무릉출판유한공사는 최근 이수(李修) 대표의 사주명리...

- 연합뉴스 문화 | 2003.04.16 -

...이름만 대면 단번에 알만한 명사들이 '역학 강좌' 에 몰리고 있다. 강사인 이수 대표는 금융계에서 활동했던 이력의 엘리트 술사로 명성이...

- 스포츠조선 사회 | 2003.03.28 -

..."지식사회에서 앞선 정보는 돈이 되고 인생의 지표가 된다." 역술사이트 애스크퓨처닷컴의 이수 대표는 역술 콘텐츠가 길흉화복을 예측하...

- 한국일보 연예 | 2003.03.04 -

... 'When July arrives, it's time to leave the stock market,' Lee Soo foresees the future through the past, Mr. Lee, who used to be a foreign exchange...

- The New York Times | January 3, 2003 -

...결과적으로 불확실한 미래를 정확히 예측한 '신점' 은 이수 씨. 그는 대선 레이스가 펼쳐지기 한 해 전에 이미 민주당의 재집권을 족집게...

- 일간스포츠 사회 | 2002.12.24 -

...이수씨는 신세대 역술인이다. 그가 운영하는 애스크퓨처닷컴은 풍부한 콘텐츠로 유명하다. 이수씨는 지난 1월 'The Korea Times' 에 집권여당...

- 신동아 | 2002.10 -

...중앙일보 이코노미스트는 불확실성이 극대화되고 있는 가운데 투자방법에 관한 하계 강연회를 엽니다. 강사로 이수 선생과 고승덕 변호사...

- 이코노미스트 | 2002.07.22 -

...스포츠조선 자회사인 (주)SC퓨처미디어가 지난 10일부터 본격 업무에 들어갔다. 이수 대표는 스포츠조선을 모기업으로 해서 다양한 특화...

- 스포츠조선 인물 | 2002.06.17 -

...헤지펀드매니저 기타 전문투자자 등 2만5000명에 제공하고 있다. 한국의 애스크퓨처닷컴(www.askfuture.com) 이수(李修·본명 이지승·37) 사장은...

- 동아일보 경제 | 2002.05.28 -

...육십갑자로 선물옵션 맞힌다. 증권정보 전문 사이트 팍스넷(www.paxnet.co.kr)에 이색 경력의 필진 한 명이 등장해 화제다. 이수 애스크퓨처...

- 매일경제 경제 | 2002.05.14 -

...최근 역술계의 변화를 가장 보여 주는 인물 중의 하나가 '애스크퓨처닷컴' 의 대표이사인 이수(李修· 37)씨다. 신세대 역술인이 몰고 온 파장...

- 월간조선 | 2002.04 -

...투자와 명리는 역학의 원리를 이용해 증권시장의 동향과 경제동향에 대하여 접근해보는 프로그램. "애스크퓨처닷컴"의 이수 선생이 출연...

- 한국경제 | 2002.04.26 -

...업계 최고의 술사라는데? 저는 예측을 공개하고 공개된 환경에서 검증을 거쳐왔습니다. 단박에 성패를 짚어내는 팔자술의 높은 단계를 추...

- 스포츠조선 금요초대석 | 2002.02.22 -

... "...of Sexagenary Cycles of the past stock market, I can analyse the future of stock market" says Lee Soo of AskFuture.com. "It's pretty precise," he said...

- CNN.com | January 7, 2002 -

... '역술(易術) 사업' 이 기업화· 대형화 바람을 타고 있다. 서울 여의도 증권가에 있는 애스크퓨처닷컴의 이수 대표는 '역술의 산업화' 를 주장할...

- 조선일보 경제 | 2001.12.04 -

...젊은 '도사' 들 인터넷 占집 '占령', 역술계가 전문화 -기업화의 새바람을 타고 있다. 그 중심에 애스크퓨처닷컴(www.askfuture.com)의 이수 사장...

- 동아일보 사회 | 2001.11.04 -

... '큰일을 도모 하려면 술사(術士)가 있어야지.' 최근 제주도 신라호텔에서 한국능률협회 주최로 열린 '하계 최고경영자세미나' 에서 이수 애퓨...

- 한국일보 생활/문화 | 2001.08.07

...주가등락을 내다본 책이 나왔다. 사주추명가 이수씨(36· 사진)가 펴낸 '주가등락 미리 알수 있다' (애퓨북스)라는 책이 화제다. 저자는 '국민...

- 한국경제 경제 | 2001.03.12 -

... '주가등락 미리 알 수 있다' 는 음양오행설을 바탕으로 하는 역술을 주가 예측에 적용한 독특한 책(이수 지음)이다. 역술을 바탕으로 모든...

- 매일경제 생활/문화 | 2001.03.09 -

...Explore your destiny inside Askfuture.com, Sitting in his office near the financial district of Yoido, Lee Soo, president and chief executive officer of ...

- The Korea Times | October 29, 2001 -

...[역술인 이수의 '명사 四柱 산책'] 부시는 '가위', 고어는 '꽃'. 결론부터 말하자면 잘 드는 가위가 꽃을 자르는 형국이니 부시의 승리는 떼논...

- 한국경제 사회 | 2000.11.26 -

...주한 외교관들이 주로 산다는 이곳이 최근 뜨거운 화제를 불러일으키고 있는 애스크퓨처닷컴의 사무실이 있는 곳이다. 이수 대표에게 운...

- 동아일보 사회 | 2000.09.24 -

...사주(四柱) 보면 주식투자 승패를 미리 안다. 얼마 전 주식 시장이 폭락장을 겪으며 역술포털 사이트의 대표인 이수 선생이 화제의 주인공...

- 이코노미스트 |

RED BOOK

첫판 1쇄 2010년 3월 30일
2쇄 2013년 10월 25일
지은이 이 수
펴낸이 장석홍
펴낸곳 도서출판 장서원
141-160 서울 용산구 남영동 7-1(201호)
전화 703-5362 팩스 797-5362
등록 제 01-01213호
shjang1011@hanmail.net
정가 20,000 원

李修命理俱樂部

☆ 高級術士專用 ☆
A DEATH·BLOW
바로 이것이 실전에서 통하는 팔자술이다. 이 책이면 추명 현장에서 충분하다!
Red
A deathblow in the Bazi Art
BOOK